8, RUE DE LA LIBERTÉ - BP 125 - 25014 BESANÇON CEDEX - FRANCE
PRODUCTIONS DMD - 21, RUE JEAN MERMOZ - 75008 PARIS

STARS
90

*Préface*

**CLAUDE CONTAMINE**

*Textes*

**MICHEL DRUCKER**

**ÉRIC BARBETTE**

**JEAN-PIERRE BARTHÉLÉMY**

*Biographie*

**MAURICE ACHARD**

*Photos*

**PATRICK RONCEN**

*Éditeurs*

**ÉDITIONS D'ART J. P. BARTHÉLÉMY / PRODUCTIONS DMD**

Claude Contamine a consacré la plus grande partie de sa carrière à l'audiovisuel. Né en 1929, il est entré, après l'ENA, dans la diplomatie. Sa nomination, en 1964, au poste de directeur de la télévision à l'ORTF marque le début d'une activité professionnelle qui n'a jamais perdu de vue longtemps la télévision et le cinéma.
Il a successivement été président de l'Union générale cinématographique, directeur général adjoint de l'ORTF, chargé de l'action extérieure et de la coopération, président de FR3, président de Télédiffusion de France et président d'Antenne 2.
Il est, depuis quelques années, membre du conseil de l'Institut européen de la communication.

# PRÉFACE

Un dimanche de printemps, il y a deux ans, Michel Drucker m'a appelé pour me proposer une promenade en hélicoptère au-dessus de Paris. Il était aux commandes et nous avons survolé pendant deux heures un paysage à la fois familier et insolite. Ce qui m'a le plus impressionné pendant ce vol parfaitement maîtrisé, c'est la manière dont le caractère de Michel Drucker se traduisait dans son art de piloter.

Il venait de terminer son rude et long apprentissage dans cette technique complexe et rigoureuse et il était cependant tel que je l'avais toujours connu : précis, méthodique, commentant pour ses passagers ce qu'ils voyaient, expliquant les règles de vol, conversant avec les contrôleurs aériens, tenant son cap, avec la courtoisie, l'humour et le soin que, dans son métier d'homme de télévision, il manifeste avec tant de bonne grâce. Et tout le travail qui l'avait amené là n'était plus que légèreté et facilité.

Souvent, Michel Drucker apparaît comme privilégié, par la réussite, la notoriété, la vie. Pour que les privilèges durent, ils doivent être justifiés par quelques mérites.

Les privilèges de Michel Drucker, il les a reçus et gardés grâce à sa passion pour « la belle ouvrage ». Au fil de sa carrière, il a toujours préféré la qualité, en concevant, en produisant, en écrivant, en présentant ce qui lui paraissait le mieux – et pas forcément le plus – intéresser, plaire et divertir.

La qualité : c'est à la fois la chose la plus simple et la plus difficile. Dans la marine d'autrefois, le mot se disait d'un bâtiment qui marchait sans problème, portait bien la voile, évoluait avec facilité.

Une émission de Michel Drucker, c'est un navire bien gréé, bien manœuvré, bien dirigé, qui emmène un équipage efficace et des passagers heureux, pour le plus grand plaisir des spectateurs.

Ce navire est solide et paraît toujours à la fois identique et nouveau. Il a traversé bien des changements de temps et de modes et les a dominés. Pourquoi ? Parce qu'il a su respecter les exigences de son élément, la télévision.

La télévision exige le respect de la réalité, le respect du métier et le respect du public.

Le respect de la réalité : Michel Drucker a toujours réagi comme le journaliste qu'il était à ses débuts, en 1964, au service des sports de l'ORTF, quand je signai son premier contrat.

Il n'a jamais complètement abandonné son métier de journaliste : il aime toujours commenter un match de football ou une course cycliste, et là, il n'est pas question de tricher avec la réalité.

Dans le choix des invités de ses émissions, il compose un véritable magazine proche de l'actualité. Dans ses livres, c'est la réalité qui l'inspire.

Récemment, il a voulu ajouter à son émission de début de soirée de plus longs entretiens avec des vedettes : c'est un vrai travail de journaliste, et du meilleur.

La réalité, c'est aussi ce qui existe en dehors de la télévision, de la radio, des médias. Pour ceux qui vivent dans ce monde, il est parfois difficile d'admettre que la vie est autre chose que le reflet qu'ils en donnent. Et pourtant, les médias ne sont que des intermédiaires.

Pour Michel Drucker, il y a d'autres valeurs, d'autres réalités que celles qui font courir beaucoup de gens de télévision ou de cinéma.

Il a su tracer son parcours avec sagacité, mais aussi avec clairvoyance, sans jamais céder à des facilités

immédiates, avec le sentiment qu'on ne pouvait pas tout avoir et tout de suite, et qu'une carrière dans ce domaine se juge à sa durée.
Les exemples familiaux lui ont permis de mettre les choses à leur place, l'ont stimulé et lui ont servi de repères, afin que jamais il ne se contente de l'apparence.

Le respect du métier : le métier est une occupation, et c'est aussi l'habileté à exercer cette occupation. Michel Drucker possède pleinement cette habileté. Il y est très sensible chez les autres et en particulier chez ses proches.
Ils sont peu nombreux, dans son équipe permanente. Ce sont des collaborateurs fidèles, comme le sont aussi tous ceux qui participent à la fabrication de ses émissions.
Ces derniers sont en plus grand nombre, car ils exercent des professions très diverses. C'est souvent une surprise, pour les profanes, de voir la quantité de gens qui s'affairent – ou ne s'affairent pas – autour d'un plateau de télévision ou de cinéma : ils ont pourtant tous une tâche précise, qui demande une qualification et une attention élevées. D'elles dépend, dans une large mesure, la qualité de ce que le public verra et entendra.
Michel Drucker est scrupuleux, exigeant ; sans faiblesse et sans énervement, avec lucidité et bienveillance, il sait amener chacun à exprimer le meilleur de lui-même.
Le métier, c'est aussi celui des artistes invités. Ils relèvent de bien des genres, hormis le genre ennuyeux. Plusieurs sont aujourd'hui encore ceux que Michel Drucker accueillait dans ses premières émissions, il y a près de trente ans. Leur talent est demeuré aussi vivace : sans nostalgie, leur durée, leur fidélité au succès et cette force qui fait les longues carrières expliquent leur présence régulière dans les émissions de Michel Drucker.
Une sorte de connivence s'est établie entre eux et lui, qui fait que leur dialogue, au fil des années, s'est enrichi de souvenirs communs, de moments heureux ou difficiles partagés et d'une certaine jubilation qui souvent transparaît dans les propos échangés devant les caméras, pour le plus grand plaisir du public.
Michel Drucker est sûrement inquiet, peut-être angoissé. Et pourtant, cela n'aboutit qu'à créer une impression de bonheur : ce qui montre que le bonheur, c'est aussi une affaire de volonté.

Le respect du public : pour beaucoup, le public de la télévision est semblable au petit actionnaire des sociétés anonymes, celui dont on parle toujours et qu'on ne voit jamais.
Quand Michel Drucker parle au public, ce n'est pas pour lui une nébuleuse imprécise et inconnue : ce sont des gens qu'il a rencontrés, accueillis et guidés dans ses émissions ou avec qui il s'est entretenu lors des innombrables occasions de dialogue qu'il accepte ou suscite, dans les endroits et les milieux les plus divers.
Il a toujours voulu comprendre et faire comprendre ce qu'il faisait, comment et pourquoi. Déjà, dans ses premières émissions avec Michèle Arnaud – qui a su découvrir tant de talents à la télévision –, il a joué parfaitement ce rôle de médiateur entre le spectacle et le public.
Et il n'a cessé depuis d'entretenir avec le plus grand nombre et la plus grande diversité de spectateurs cet échange sans lequel les catégories socioprofessionnelles de l'Audimat ne sont qu'étiquettes stériles.
Dans cet échange, il ne s'agit pas de suivre aveuglément les réactions de tel ou tel groupe, surtout quand ce sont des groupes de pression, mais il ne

s'agit pas non plus d'imposer des idées et des goûts déterminés à l'avance.

Il faut savoir anticiper, surprendre, palier dans des domaines ou rien n'est acquis.

Il faut comprendre et accepter les causes des échecs et admettre que les succès les mieux prévus ne sont pas toujours au rendez-vous. Et il faut surtout savoir évoluer et maintenir.

Évoluer avec l'air du temps, avec ce qui est nouveau, inattendu, parfois provocant. Évoluer avec les moyens techniques, qui ont tellement changé au cours des trente dernières années que nous paraissent parfois dater d'avant le déluge les enregistrements des émissions des années soixante. Et même ceux des années plus récentes sont déjà décalés au regard de ce que nos yeux sont maintenant accoutumés à voir.

Le soin que Michel Drucker a mis à faire équiper le studio des Champs-Élysées où, pendant plusieurs années, l'émission du même nom a été réalisée, montre assez qu'il sait que, pour offrir au public le meilleur spectacle, il faut disposer des meilleures installations techniques. Là aussi, le défi est constant car, déjà, des changements révolutionnaires se dessinent, notamment avec la télévision numérique. Michel Drucker s'y prépare.

La technique ne saurait cependant donner une âme au spectacle. Il faut retenir l'attention du public. Et, de même qu'Ubu disait qu' « il n'y a pas de Pologne sans Polonais », il n'y a pas de spectacle sans spectateurs.

Il faut donc les connaître, étudier leurs réactions, leurs préférences, ce qui les fait rire, ce qui les émeut. Aux aguets de ces sentiments et de ces intérêts, Michel Drucker a su, avec quelques autres, garder au spectacle sa part de spontané et d'humain.

Maintenir la même ambition de qualité, sans s'abaisser à l'inutile racolage ni se draper dans une fausse dignité : c'est ce qui a été le pari, toujours recommencé et jusqu'à présent gagné, d'un homme qui est devenu un maître dans la vie et l'art de la télévision et qui pour moi est plus encore, un ami.

Le livre qui vous est présenté aujourd'hui est une véritable enquête autour d'une grande émission de télévision. C'est une conception originale que de consacrer des centaines de photographies et des dizaines de pages à cette œuvre collective qu'est une production destinée au petit écran.

En feuilletant ce livre, vous découvrirez comment se construit une telle émission, dans sa complexité, avec le mélange d'ingrédients aussi divers que des matériels ultra-perfectionnés et des personnels très spécialisés, avec les contraintes de temps, et dans un climat de calme assez étonnant.

Cette enquête s'est prolongée sur plusieurs années. Chacun des participants a été interrogé sur son rôle dans cette vaste partition. Et chacun, comme Michel Drucker lui-même, a largement et généreusement tenu à faire comprendre ce qu'il faisait et à communiquer son enthousiasme pour chacune des facettes des divers métiers de télévision.

À la lecture de cet ouvrage, beaucoup d'entre vous auront peut-être le désir de s'initier à l'une de ces professions et, qui sait, la possibilité de l'apprendre et de l'exercer.

À travers l'album des souvenirs de Michel Drucker se tournent les pages de ce qui devient un élément fort de notre patrimoine, car ces artistes, ces comédiens, ces musiciens enrichissent aussi notre culture. Bien des images sont connues, d'autres sont inédites : elles nous apportent le temps d'hier et celui d'aujourd'hui.

Claude Contamine
29 septembre 1993

# LES PROCHES COLLABORATEURS DE MICHEL DRUCKER

Michel Drucker a su s'entourer de collaborateurs particulièrement efficaces. Tous sont vraiment des fidèles, d'autant que la plupart ont eu formation et promotion au sein même de la société Productions DMD.
S'il est de notoriété publique que Michel a lancé nombre d'artistes, notamment parmi les comiques, il est tout aussi vrai qu'il a donné leur chance à beaucoup de techniciens de la télévision.

## LA SOCIÉTÉ PRODUCTIONS DMD

Michel Drucker s'est convaincu un jour que, pour être plus efficace, plus autonome, plus rapide dans le montage de ses émissions, pour avoir toutes les qualités nécessaires à une production au top niveau, il lui fallait acquérir une certaine indépendance.
C'est ce qu'il concrétise en 1986 par la création de sa propre société : Productions DMD dont il est le PDG.
Jean-Paul Savalle en assure la direction administrative.
Pour commencer, la société loua les murs du pavillon Potel et Chabot et construisi à l'intérieur un grand studio de production télévisé : le studio Gabriel. Dans celui-ci sont enregistrées des émissions comme *La Marche du siècle*, *Faut pas rêver*, *Des chiffres et des lettres*, *les Nuls*, la nouvelle émission de Tina Kieffer, *Demain il fera beau.*
L'escapade au pavillon Baltard, de 1990 à 1993, constituera une expérience extraordinaire de superproduction pour toute l'équipe de Productions DMD. Celle-ci est présentée dans ce livre, et vous allez découvrir son professionnalisme. Il en faut pour mener à bien une émission comme *Stars 90.*
Michel Drucker fut l'un des premiers animateurs à créer sa société de production. Beaucoup ont suivi depuis.

## VALÉRIE BLEU

Standardiste, elle est le premier sourire qui vous accueille à Productions DMD.
Lorsque vous téléphonez à la société, elle vous oriente vers la personne demandée. Elle se tient à la disposition de tous les proches collaborateurs de Michel Drucker.

La société Productions DMD est structurée comme une PME et possède un service de gestion et un service commercial chargé de vendre les émissions.

Sur la photo : les collaborateurs de Jean-Paul Savalle.
Roland : chef comptable ; Laurie : secrétaire
Nadine et Valérie : comptables.

## CATHY PORÉE

Avant d'être la secrétaire de Michel Drucker, Cathy Porée était la standardiste de la société DMD.
Ses responsabilités sont aujourd'hui multiples. Ainsi, c'est elle qui gère l'agenda de Michel, organise ses rendez-vous, répond au volumineux courrier des téléspectateurs.
Elle s'occupe en outre des relations avec les médias et notamment avec la presse spécialisée, qu'elle informe deux semaines à l'avance du programme de chaque émission.
Chaque matin, elle établit une revue de presse. Pour ce faire, elle « pige » tous les articles susceptibles d'intéresser Michel.
C'est encore elle qui lui organise ses rendez-vous.
Enfin, durant les enregistrements, elle participe pleinement au suivi de l'émission.
Et tout cela avec une éternelle bonne humeur.
Quelques confidences : « Michel refuse systématiquement de faire de la publicité, sa carte de journaliste le lui interdit d'ailleurs. De même, il n'assure jamais de parrainages, à deux exceptions près : la première pour les *Trophées de l'Automobile*, par amitié pour Pierre Barret ; la seconde pour l'association *Perce-Neige* créée par Lino Ventura, avec les trois autres parrains, Jean-Claude Brialy, Jacques Chancel et Pierre Tchernia.
Michel refuse toutes les décorations ! Et il choisit lui-même ses photos de presse. »

## FRANÇOISE COQUET

Le nom de Françoise Coquet est indissociable de celui de Michel Drucker. Elle est sa collaboratrice depuis 1963, et productrice depuis 1979. Leur amitié s'est enrichie de plus de trente ans de collaboration. Nés le même jour de la même année, Michel la présente volontiers comme sa sœur jumelle. Elle a ainsi participé aux émissions dont nous avons tous gardé le souvenir : *Sport en fête* en 1972 ; *Les Rendez-vous du dimanche* en 1975 ; *Stars* en 1979 ; *Champs-Élysées* en 1981 et *Stars 90*. Coproductrice de *Stars 90*, elle intervient à toutes les étapes : de l'ennoncé du thème de l'émission à son montage définitif. Ce dernier peut lui prendre jusqu'à quatre jours. Ses qualités professionnelles n'ont d'égal que son charisme. Elle nous explique comment est bâtie une émission de *Stars 90*. « Une émission de divertissement doit être variée et plaire au plus grand nombre. Pour *Stars 90*, à Baltard, nous avons mélangé le rire, la chanson, les numéros visuels et les ballets avec des sujets journalistiques. Michel étant avant tout un journaliste, donc curieux de tout, nous avons voulu éviter la promotion systématique, préférant mettre à l'honneur des personnes que nous n'avons pas l'habitude de voir. Mon rôle, après avoir déterminé en réunion de production les ingrédients d'une émission, est d'établir un ordre, appelé conducteur, qui facilite les enchaînements et répartira au mieux les séquences : musique, numéros comiques et visuels, interviews. Tout cela s'intégrera dans un montage très précis. Pendant les répétitions et l'enregistrement, je suis avec le réalisateur et le directeur photo. Je participe également au montage avec Rémi Robin. Cela consiste à ne garder que le meilleur de l'enregistrement, à rythmer l'émission et à équilibrer les sons ».

## VALÉRIE MOISAN

Comme sa sœur Carole ci-contre, Valérie a ses origines professionnelles dans la danse.
Elle entra au service de Productions DMD comme bien d'autres, c'est-à-dire par la petite porte. Standardiste puis secrétaire à l'époque de *Champs-Élysées*, elle prend ensuite ses fonctions d'assistante de production auprès de Françoise Coquet.
Son travail l'amène à intervenir dès que le contenu de l'émission est arrêté.
Elle prépare alors un dossier sur chaque artiste invité, réclame disques et paroles aux maisons de disques.
Elle prépare le planning des répétitions.
Pendant les répétitions, elle veille à ce que tout se passe bien, attribue les loges aux artistes et, durant la générale, chronomètre toutes les séquences, chansons, interviews.
Ceci afin que l'émission ne déborde pas, c'est-à-dire qu'elle tienne dans le temps imparti.
Elle est particulièrement attentive aux temps d'intervention de Michel, que sa passion coutumière amène souvent à être trop bavard.
Sur les émissions tournées en extérieur comme *Ciné Stars*, *Drôles de Stars* et *Music Stars*, elle assure les fonctions de scripte.

## PHILIPPE ALAIN

Philippe Alain est le directeur de production. C'est sur ses épaules que repose la lourde charge de rentabiliser l'émission.
Michel Drucker est connu dans le milieu pour ne jamais céder à la facilité et ne jamais faire dans l'économie.
Bien des émissions, comme celle de la piscine, sont produites à perte. Il revient donc à Philippe de redresser la situation dans les émissions suivantes.
Nous l'avons en effet dit précédemment, Productions DMD est une société comme une autre, qui doit présenter un bilan en fin d'année, positif de préférence.
Il lui faut donc tout surveiller, éviter les débordements.
Le budget d'une émission comme *Stars 90* est important.
Philippe demande donc à chaque programmateur de travailler en respectant ce budget. Il intervient avec eux dans les cas où les négociations se révèlent difficiles.
Productions DMD vend son émission à TF1.
Philippe Alain doit donc veiller à ce que tout s'inscrive dans l'enveloppe définie. Il avoue volontiers ne pas dormir toutes les nuits.

## CAROLE MOISAN

Ancienne danseuse, Carole Moisan fut immobilisée à la suite d'un accident au pied.
Philippe Alain la prit à son service et la forma au métier.
Depuis 1987, elle a acquis une connaissance parfaite de tout ce qui touche aux installations techniques du plateau et au personnel. Ses fonctions sont importantes.
Elle établit les contrats avec les artistes.
Carole trouve toutes les solutions aux exigences des invités, règle tous les problèmes de séjour pour ceux qui viennent de l'étranger. Elle gère même les repas lors des tournages.
Elle réserve pour l'équipe les billets de trains ou d'avion, ainsi que les hôtels. En fait, elle est disponible 24 h sur 24 !
Carole n'oubliera jamais le jour de ses trente ans : Michel avait fait garnir l'entrée de son bureau de fleurs ! « En fait, dit-elle, Michel n'oublie jamais rien. D'une sensibilité extrême, il n'attend pas d'avoir des problèmes. Il les règle avant. Il est très près de son personnel. »

# LES PROGRAMMATEURS

Les programmateurs sont les assistants directs de Michel Drucker et de Françoise Coquet. Ils sont quatre : Brigitte Neel, François Debreuille, Éric Barbette, Thierry Chaptinel. Ils ont chacun leur spécialité et préparent chacun leurs séquences, magazine, variétés, musique...

## BRIGITTE NEEL

**R**esponsable de toute la partie visuelle de *Stars 90* et notamment de la chorégraphie, Brigitte Neel anticipe tout ce qui se verra sur le petit écran.
Sur le plateau, elle organise la disposition, le mouvement et la chorégraphie afin que le rendu visuel soit le meilleur possible.
Ancienne danseuse, elle en a gardé la silhouette élancée sur talons aiguilles. Épanouie, elle reconnaît être un pur produit de la télévision.
Formée à l'école des Carpentier, Brigitte rêvait de travailler pour Michel Drucker. Elle recrute des danseurs pour créer un ballet, recherche des musiques adaptées. Elle participe avec Michel Fresnay à la création des costumes.
Certains artistes ont adopté pour leur propre tournée la chorégraphie créée pour eux par Brigitte dans *Stars 90.*
« *Stars 90*, précise Brigitte, est d'une grande classe. Les artistes le savent, qui ne se présentent jamais en tenue négligée. Avec Michel, il n'y a jamais la moindre place pour l'improvisation. Discipline et rigueur sont les règles de base pour travailler avec lui. Aussi quarante-huit heures avant chaque émission, j'ai l'angoisse du perfectionniste ou de l'étudiant à l'approche de l'examen ! »

## FRANÇOIS DEBREUILLE

**C**ollaborateur de la première heure... télévisée de Michel Drucker, François Debreuille a l'hypersensibilité du musicien qu'il est avant tout. Organiste, pianiste, il a composé près d'une centaine de musiques de films pour la télévision et pour des dessins animés, avant de s'occuper dans *Stars 90* de la programmation de séquences magazines ou musicales. La préparation de séquences magazines est pour lui un vrai bonheur. Il rencontre en province des êtres étonnants, intéressants et passionnés. Tout commence par l'idée du thème, émise par l'un ou l'autre des membres de l'équipe, au vu d'un article paru dans la presse ou à la suite d'une réflexion sur un sujet sans lien avec l'actualité. François mène de front plusieurs sujets, parfois trois mois à l'avance, car tous n'aboutissent pas. Afin d'éviter le parisianisme, il enquête en priorité en province et prend des rendez-vous avec un grand nombre de personnes, qu'il rencontre l'une après l'autre.
Il jugera alors de l'intérêt de ce qu'elles ont à raconter sur leur passion ainsi que de leur aptitude à passer devant la caméra. Une fois ce travail d'enquête terminé, François le présente à Michel qui prend alors la décision de réaliser ou non la séquence et qui téléphone ensuite à chacun des protagonistes pour faire leur connaissance, s'entretenir avec eux et surtout les mettre à l'aise. Enfin, François monte et programme la séquence. Le jour de l'émission, il lui reste à accueillir les invités, à faciliter leur séjour parisien et à les rassurer jusqu'au moment de leur entrée en scène. Il est vrai que, pour certains d'entre eux, cela peut constituer l'événement de leur vie... François s'occupe de toute la coordination musicale de l'émission. Pour cela, il a même créé un orchestre qui est maintenant opérationnel au studio Gabriel. Il est à la musique ce que Brigitte Neel est à la chorégraphie. Il doit en quelque sorte assurer le confort musical de l'émission.

## ERIC BARBETTE

**D**epuis toujours passionné de télévision, ancien assistant de Philippe Bouvard, Éric Barbette, programmateur, est l'assistant de Michel Drucker. Il travaille avec lui depuis l'époque de *Studio 1*, une émission quotidienne d'Europe 1.
La complicité et la complémentarité des deux hommes est évidente pour qui les connaît. Ils ont ce même regard de journaliste, professionnel et méticuleux. Éric Barbette apprécie chez Michel son respect des invités, sa manière de les mettre en valeur en appliquant un principe qu'il a fait sien : la réponse est plus importante que la question.
Réaliser une émission demande un long travail préalable : recherches historiques, biographiques, repérages, organisation du tournage, casting, estimation de la durée de chaque séquence...
Éric, au terme de ce travail, rédige cent à cent-cinquante fiches cartonnées par émission. Il les remet à Michel parfois quelques heures seulement avant le tournage. Il joue ainsi le rôle de seconde mémoire de Michel Drucker. Sur le plateau, il ne le quitte pas des yeux. Il lui fait passer, avec un code gestuel bien au point, des informations précises : « Trop long, on déborde... » (voir photo). Éric connaît si bien Michel qu'il anticipe ses pensées.
Il sait vraiment ce qui lui convient.
Ses angoisses : les retards des artistes et les invités qui se décommandent au dernier moment.
Son intérêt : les grandes stars étrangères qui l'impressionnent autrement plus que les françaises.
Ses meilleurs souvenirs : Clint Eastwood, Madonna, pour l'interview de laquelle il a fallu négocier pendant un an et Arnold Schwarzenegger.

## THIERRY CHAPTINEL

**T**hierry (Titi) est le petit dernier de l'équipe. Cet ancien attaché de presse free-lance évolue depuis toujours dans le milieu des variétés. Autant dire qu'il est un familier des artistes et de leurs angoisses. En 1986, il est aux côtés de Catherine Reigner lorsque M6 démarre sous la direction de Jean Drucker. Il est alors responsable de l'unité vidéo musique. Puis il entre à TF1, au service artistique, dirigé par Dominique Cantien, qui le présentera à Michel Drucker et Françoise Coquet. Programmateur des variétés, sa tâche est de trouver les chansons et les chanteurs en harmonie avec les thèmes des émissions. Pour cela, et comme l'on peut s'en douter, il est à l'écoute de tout ce qui fait l'actualité dans le monde des variétés. Mais il est aussi parfaitement documenté sur ce qui fît cette actualité par le passé. Il est bien sûr très sollicité par les nouvelles vedettes mais aussi par celles, pourtant confirmées, que les modes délaissent un peu ! Il est vrai qu'un passage à *Stars 90* représente, pour tout artiste, une grande chance. L'émission, diffusée sur TF1 et souvent sur TV5, touche des millions de téléspectateurs dans les pays francophones.
Son critère de sélection principal est évidemment le talent. À la devise de Michel Drucker, « faire populaire et digne », Thierry ajoute « élégant ». Il veille tout particulièrement à la qualité de la musique mais il est également attentif au message délivré par les textes des chansons, interprétées le plus souvent par des artistes d'expression française. On ne compte guère plus d'une vedette étrangère par émission.

# LES RÉALISATEURS

Un réalisateur est un chef d'orchestre qui devrait, en plus de la direction, écrire la partition à jouer.
En effet, à partir d'un conducteur – une sorte de scénario –, à l'élaboration duquel il participe, le réalisateur doit organiser et définir tout ce qui concerne les décors, les lumières, le nombre et le type des caméras, les trucages, les entrées et les sorties des artistes, l'ambiance, les danseurs...
Un réalisateur imprime son style que l'on doit pouvoir reconnaître, en voyant une émission.
Métier très difficile et très exigeant, il est l'apanage d'un monde tout petit !
Un réalisateur est indépendant et travaille à la demande pour tel ou tel producteur.
Chronologiquement, il intervient :
- avant l'émission, où il participe à la réunion de préparation à DMD, durant laquelle chacun émet ses idées pour mettre au point le conducteur. À partir de là, il découpe, prépare émission, plans et enchaînements, imagine déjà les mouvements de caméra, choisit matériel et techniciens ;
- sur le plateau, pendant l'émission. Il dicte son plan de travail, comment filmer les vedettes, comment varier les styles des prises de vues et prendre en compte les contraintes imposées par les artistes ou le producteur. Il définit également les ambiances, prévoit quelques trucages, cale les enchaînements et les incorporations de magnétoscope (reportages extérieurs). Il organise les deux ou trois répétitions nécessaires à la mise au point de l'ensemble ;
- pendant l'enregistrement proprement dit. Il se trouve dans le car de régie, secondé par la scripte et en liaison radio avec tous les techniciens. Il entretient avec chacun un contact ininterrompu fait de consignes, d'ordres, de recommandations. Et cela durant trois heures !
Michel Drucker travaille avec cinq réalisateurs : Jean-Pierre Spiero, Gilles Amado, Pascal Duchêne, Mathias Ledoux et Marc Vaziaga.

## JEAN-PIERRE SPIERO

Doyen des cinq réalisateurs, c'est avec lui que Michel Drucker a fait sa première émission en... 1966 !
Jean-Pierre Spiero réalise, entre autres, les grandes émissions en hommage aux vedettes disparues, comme la spéciale Claude François. Il est vrai qu'il a bien connu toute cette époque.
« Travailler avec Michel est un vrai bonheur, avoue-t-il. Pour rien au monde je ne manquerais *Stars 90*. C'est une émission haut de gamme, tant sur le fond que sur la forme. De plus, on travaille avec lui sans contrainte, avec une liberté totale de production. »
Sa plus importante performance est sans aucun doute le *Téléthon* qu'il réalise vingt-quatre heures non stop avec dix autres réalisateurs sous ses ordres.

**Mathias Ledoux pendant le tournage de *Drôles de Stars* chez Patrick Sébastien**

## MATHIAS LEDOUX

Mathias est plus qu'un réalisateur, c'est un créateur. Directeur artistique de CANAL +, dont il a fait l'habillage ainsi que celui de M6 et de la 7, ancien de Vaugirard, il a commencé avec Jacqueline Joubert et Dorothée, puis avec *Les Enfants du rock*.
Il a à son actif des réalisations aussi prestigieuses que les jeux Olympiques d'Albertville. C'est lui en effet qui a couvert les séances d'ouverture et de clôture des jeux d'hiver. C'est également lui qui a conçu les génériques de *Champs Élysées* et de *Stars 90*. Pour Michel Drucker, il est surtout responsable des émissions tournées en extérieur comme *Ciné Stars*, *Music Stars* ou *Drôles de Stars*.

## GILLES AMADO

**D**'un flegme rare, Gilles Amado est un peu le spécialiste des trucages dont il use volontiers, comme pendant la spéciale *Euro Disney*, une émission qui lui ressemble et au cours de laquelle les téléspectateurs ont vu passer le train du parc d'attractions sur le plateau de *Stars 90*. Une de ses particularités : l'utilisation fréquente d'une septième caméra fixée en haut du pavillon Baltard.
Gilles a toujours voulu faire ce métier. À dix-sept ans, il est assistant monteur de film, puis chef monteur. « Le montage de film est une école géniale, reconnaît-il, on y apprend la rigueur, le rythme, l'assurance. Et puis on touche à la pellicule, c'est important. La télévision est différente, éphémère. On se remet en cause d'une semaine sur l'autre. On est de plus limité par les contraintes du plateau : c'est un lieu unique, d'une structure pas toujours facile ; un plateau très haut, par exemple, nécessite des allonges sur les caméras. » Gilles Amado, affectionne les émissions spéciales.
« Un tournage avec Michel, dit-il, porte toujours l'empreinte de la grande classe. »

## PASCAL DUCHENE

**A**près dix ans d'assistanat, il réalise sa première émission avec Pierre Desproges pour CANAL +. Il a pour Michel Drucker une profonde admiration et considère chacune des émissions qu'il réalise pour lui comme pour un challenge. Passionné de Formule 1, il réalise bien entendu toutes les grandes spéciales sur les sports mécaniques.
« Les principales qualités nécessaires à l'exercice de ce métier sont dit-il : la disponibilité et la passion. »
Avec Patrick de Souza, son assistant, et Christine Soulat, sa scripte, ainsi que Tania Vervin sur *Stars 90*, il forme une équipe particulièrement efficace.

**Marc Vaziaga à droite sur la photo, pendant le tournage des extérieurs à Marie-Galante.**

## MARC VAZIAGA

**C**et homme polyvalent a été formé à l'école du cinéma, notamment par Claude Sautet et Yves Boisset, dont il fut le coassistant. Marc Vaziaga a participé durant dix ans à quatorze longs métrages comme assistant, et à dix courts et moyens métrages comme réalisateur. A cette époque, il montait lui-même les films. Arrivé à la télévision il y a quinze ans, il connaît tout du cadrage et du montage. Ainsi, lors de tournages en extérieur, comme celui de Marie-Galante, il en assume toute la responsabilité, jusqu'au montage final. Il lui faut alors préparer longtemps à l'avance toutes les séquences, choisir et décider des moyens à prévoir. C'est encore à lui que Michel Drucker confie la recherche des documents d'archives nécessaires à la préparation des émissions sur des vedettes disparues. Il négocie dans ce cas tous les droits de diffusion, ce qui ne va pas parfois sans poser d'énormes problèmes, les ayants droit n'étant pas toujours connus... Quand Marc parle de son métier, il dévoile un sens de l'image peu commun : « Le film est déjà dans ma tête, dit-il, je dois raisonner artistiquement, créer des images fortes et faire passer une émotion, éviter les longueurs et les plans superflus durant lesquels le téléspectateur peut zapper et nous quitter. Je raisonne un peu comme si je faisais un film publicitaire : pas une seconde en trop. »

# LES SCRIPTES

Les scriptes sont les mémoires des réalisateurs, avec lesquels elles forment des duos réguliers : Clotilde Delflandre avec Gilles Amado, Anne-Marie Dumas avec Mathias Ledoux, Christine Soulat avec Pascal Duchêne, et Sandrine Soulat (sa sœur) avec Jean-Pierre Spiero.

Sandrine est une ancienne standardiste de Dorothée. D'un niveau bac + 3, elle a réussi le très difficile concours de l'IDEC (un reçu sur cent).

« Le travail de scripte à la télévision est totalement différent de celui de scripte au cinéma, dit-elle. Pour la simple raison que, pour deux heures d'enregistrement et une multitude de séquences, l'on ne dispose que de quelques heures à *Stars 90*, alors que l'on réalise deux prises par jour pour un film. »

La scripte note tous les raccords pour éviter les erreurs, surtout si deux séquences successives dans le final sont enregistrées séparément. Elle prépare aussi les caméras et donne les tops de leurs interventions depuis le car régie.

La scripte, enfin, participe avec le réalisateur à la création du conducteur.

Les scriptes ont un statut indépendant. Les meilleures d'entre elles choisissent leurs émissions et parfois même leurs réalisateurs...

# LES ASSISTANTS DE RÉALISATION

## TANIA VERVIN ET PATRICK DE SOUZA

Tania et Patrick sont les deux assistants de réalisation de *Stars 90*. Ils se répartissent tacitement les tâches et ont une grande habitude de travailler ensemble. Leur intervention commence avec la première réunion du conducteur. Mais c'est surtout durant les répétitions qu'ils devront noter tous les problèmes potentiels.

C'est en effet à eux et à eux seuls que s'adresse le réalisateur s'il y a un incident quelconque.

Leur travail consiste donc à pointer, au centimètre et à la seconde près, les mouvements des invités, les changements de décors et les interventions des caméras. Le moindre flottement entraînerait l'annulation d'une séquence qui devrait alors être tournée à nouveau.

Durant l'émission, Tania et Patrick sont reliés par casque radio au réalisateur et à la scripte qui leur donnent les tops d'entrée et de sortie des invités ainsi que de changements de décors.

Durant chaque séquence, ils doivent en outre s'assurer que tout est prêt pour la suivante. Il leur faudra de plus s'occuper des invités, aller les chercher dans leur loge et les accompagner jusque sur le plateau.

Lors de ces derniers instants, ils contribueront à les détendre. Patrick n'a pas son pareil pour les faire rire ! Tania s'occupe plus volontiers des hommes et Patrick des dames. Néanmoins, certaines vedettes sont connues pour leur stress perpétuel et la tâche n'est pas toujours facile.

Psychologie, mémoire, anticipation, rapidité sont les qualités requises pour leur métier. Tania et Patrick l'ont appris sur le plateau, mais il existe désormais une école.

**Tania** fut secrétaire de Michel Drucker à partir de 1983 à Europe 1. Elle a trouvé son plein épanouissement le jour où Michel lui a donné sa chance en lui proposant d'être assistante de réalisation pour *Champs-Élysées*.
Elle gère en plus le public, ce qui signifie qu'elle doit répondre aux demandes, fort nombreuses. Les réservations sont prises pratiquement sur une saison à l'avance. Elle veille alors à doser les spectateurs de façon à donner la priorité à ceux qui viennent de province. Puis elle choisit les groupes suivant l'âge moyen et les thèmes des émissions.

**Patrick**, lui, a débuté dans la publicité comme directeur artistique musical. Puis ce fut la rencontre avec Pascal Duchêne qui lui ouvrit les portes du métier et l'amena à *Stars 90*. Patrick travaille également pour un autre Patrick... Sébastien.
Son objectif est bien entendu de faire de la production. Mais, comme nous l'avons déjà mentionné, les places sont chères.

## PHILIPPE NOBLEMAIRE

**F**ifi est l'un des plus anciens de l'équipe. Il est entré à l'ORTF en 1971 comme technicien puis à DMD en 1987 où il assume désormais deux fonctions : celle de régisseur général du Studio Gabriel et celle de directeur de la photographie pendant les prises de vues extérieures.
Son travail consiste à choisir les sources de lumière ad hoc, les projecteurs, afin de donner la meilleure ambiance possible.
Il connaît les difficultés particulières posées par chaque couleur : le mauve est dur à traiter, le rouge est trop violent... Sa complicité avec les réalisateurs est totale.
Pour les extérieurs, Philippe doit trouver la meilleure adéquation entre un matériel d'éclairage léger et des sites improvisés (voir Marie-Galante). C'est notamment le cas lorsque *Stars 90* filme certaines séquences extérieures, et dans le cas d'interviews par exemple pour *Drôles de Stars*, *Ciné Stars* et *Music Stars*.

# LE PAVILLON BALTARD

Les grandes orgues du Gaumont Palace ont pris place dans le pavillon

L'architecte Victor Baltard redessine les Halles de Paris dans un esprit résolument moderne pour répondre aux souhaits de Napoléon III, usant du fer, de la fonte et du verre. Ces nouvelles Halles suscitent l'admiration en France autant qu'à l'étranger. Eiffel déclare que Baltard ouvre Paris au XXe siècle et Verlaine parle des dentelles de Vulcain.
Mais en 1972, le célèbre marché parisien quitte le centre de la capitale. Les pavillons des Halles doivent disparaître, sauf l'un d'eux que le Président Pompidou décide de sauvegarder, comme élément de notre patrimoine historique.
Nogent-sur-Marne fut choisi, à la demande insistante de son député-maire, M. Nungesser, pour la réimplantation du pavillon-témoin, le n°8 qui abritait le marché des œufs et de la volaille.
Sont également classées les grandes orgues du Gaumont Palace qui ont pris place dans le pavillon, à la suite de la démolition du Cinéma, toujours grâce à l'intervention de M. Nungesser.
Désormais à Nogent-sur-Marne, entouré des grilles d'origine des Halles de Paris, le pavillon Baltard revit dans un cadre Belle Époque, le square du Vieux Paris qui rassemble de nombreux éléments de mobilier urbain tels qu'une colonne Morris, une fontaine Wallace, un très beau manège de la Foire du Trône, des réverbères, des bancs publics, une borne incendie, la pendule de la Villette et un morceau de l'escalier de la Tour Eiffel... et bientôt la station de métro Georges V.
Sous l'impulsion du Centre Culturel André Malraux, qui a la charge de sa gestion, le monument historique est devenu un centre moderne d'activités incessantes. Expositions, salons, soirées de prestige, concerts et récitales s'y succèdent tout au long de l'année.

Isabelle et Lionel

## POURQUOI *STARS 90* À BALTARD ?

Lorsque Michel Drucker changea de chaîne, il souhaita, par souci de déontologie, faire une émission différente de *Champs-Élysées*. Il chercha alors un site d'une architecture originale et harmonieuse pour y monter un spectacle pouvant accueillir un public important.
À Baltard il trouva le cadre idéal de sa nouvelle émission *Stars 90*. Le plateau de six cents mètres carrés lui permet d'organiser des soirées aussi spectaculaires que la spéciale Ferrari ou Williams-Renault, la piscine de Muriel Hermine, la patinoire des Duschenay ou bien encore Euro Disney.
Les tribunes peuvent recevoir mille deux cents spectateurs par spectacle.
Restait à construire le décor. C'est à Stéfanie Jarre que Michel Drucker en confia la conception.

André

L'intérieur du pavillon
avant le montage du plateau
de *Stars 90*

Christian,
le gardien
de Baltard

Une gravure représentant
les Halles avant leur démolition
(vue prise des galeries
de l'Église St-Eustache)

# STÉFANIE JARRE

Stéfanie Jarre a suivi durant cinq ans une formation d'architecte à l'École supérieure des arts graphiques (l'ESAG), durant laquelle elle apprit, entre autres, la création de décors de théâtre. Puis elle assista pendant un an Francis Robin, le célèbre décorateur de télévision, qui réalise également tous les décors des grands spectacles de Robert Hossein. Ils travaillèrent ensemble sur le plateau de *Champs-Élysées*, et, lorsque Francis Robin arrêta de collaborer à cette dernière émission, c'est tout naturellement à Stéfanie que Michel Drucker demanda de prendre le relais. Elle réalise alors près de cinquante décors différents. Enfin, elle se voit confier la conception des décors de *Stars 90*.
Elle y travaille durant quinze jours avec Thierry Malatère pour les lumières et Mathias Ledoux pour l'habillage.
Le cahier des charges est simple : construire dans le cadre si particulier du pavillon Baltard une architecture sobre articulée autour d'une étoile (la Star...) qui devra permettre les mouvements tant des artistes que des caméras. Les décors seront donc blancs, l'habillage venant des effets de lumière. La réalisation demande environ un mois et demi. L'ensemble doit être monté et démonté chaque mois, sa conception doit donc être très bien étudiée, chaque élément repéré et facile à fixer à son voisin.
L'étoile centrale, emblême de l'émission, est montée sur vérins. Trois volumes d'escalier, en fond de scène, sont fixes. Une plate-forme élévatrice vient au centre. Deux autres éléments amovibles se dégagent sur les côtés, de manière à libérer un grand plateau pour recevoir une écurie de course ou les personnages et cavaliers d'Euro Disney...
Les éléments d'appoint, tels que les triangles, meublent l'espace et permettent de faire varier les décors.

**Stéfanie devant la maquette de ses nouveaux décors du studio Gabriel, qui sont ceux de l'émission *Stars 90* depuis septembre 1993, et qui allient une conception très moderne à la conservation de l'étoile centrale, figure de proue de l'émission de Michel Drucker**

**Ci-contre Stéphanie présente la maquette des décors de *Stars 90* à Baltard**

# LE TRANSPORT ET LE MONTAGE DU PLATEAU

Les éléments de la scène sont apportés et assemblés pour l'enregistrement de deux ou trois émissions, puis ils sont démontés car le pavillon Baltard est utilisé à d'autres fins et ne peut être paralysé par les décors de *Stars 90*. Chaque mois a donc lieu le ballet de vingt-deux semi-remorques du transporteur Jean-Claude Dolbeau.

Entre les émissions, les éléments, très volumineux et représentant près de 800 m³ sont stockés dans les remorques.

Au fur et à mesure de leur arrivée, les camions sont déchargés par Olivier Herel, assisté de vingt-cinq personnes, tous des professionnels : monteurs, menuisiers, serruriers...

En vingt-cinq heures réparties sur deux jours et demi, ils vont assembler avec un synchronisme parfait les éléments de ce grand jeu de Meccano. Il est vrai que l'équipe est parfaitement rodée et rappelle les gens du cirque lors de l'installation d'un chapiteau.

Le démontage ne dure qu'une journée. Dès la fin de l'enregistrement, les Grenoblois enlèvent tous les accessoires, éléments de décors et structures suspendues. Puis intervient l'équipe Jaulin et les vingt-deux camions, en attendant le prochain tour, le mois suivant...

Jean-Claude Dolbeau, le transporteur, et Robert Wagner, le chef constructeur des décors, dirigent ici les opérations de déchargement

Pierre Deshayes et Philippe Cibot
montent le grand escalier

Mise en place de la structure
de soutien du plateau

Olivier Perbost assemble l'ossature de l'étoile

# LA CONSTRUCTION DE LA SCÈNE, LE MONTAGE DES TRIBUNES, L'INSTALLATION DES LUMIÈRES ET DU SON

Étant donné l'immensité du pavillon Baltard, les moyens aériens tels que des palans sont nécessaires pour lever les rampes de lumière. Quant à l'accrochage des projecteurs, il demande aux techniciens de véritables dons d'alpinistes. Des centaines d'éléments, projecteurs, micros, sont disposés et fixés dans un calme qui montre combien l'exercice est maîtrisé. Les tribunes sont celles du pavillon Baltard. Leur montage est supervisé par le régisseur Gérard Guedon, sous l'œil du gardien Christian Albert.

Pour satisfaire aux besoins électriques de l'ensemble de l'installation, mais également pour éviter les interférences entre lumière et son, la société Lumex Cinéma fournit un ou deux groupes électrogènes de 80 à 150 kW pour alimenter les projecteurs Vari-Lite.

Installation des tribunes

Marc et Alex préparent la levée des rampes de lumière

Thierry Lenain et Salah Zergane

Lisa Boulou comme un fort des Halles

La machine à faire la fumée nécessaire à la mise en valeur des faisceaux des projecteurs

Le système de commande de déplacement des éléments mobiles

Albert ne craint pas le vertige

Le montage de la structure tubulaire est assuré par la société Stacco

Les appareils sont hissés sur la plate-forme tubulaire

Yvon Legoff fait les branchements

Pierre Lebouche, dit Pierrot, assure la mise en place de la sonorisation

Jean-Pierre Audidier prend la pose

Patrick Slamani vérifie le fonctionnement du groupe électrogène

Daniel Vergue, chef de plateau, installe les écrans de contrôle

Ci-dessus :
Karim Khichane,
Didier Baron,
Jean-Marc Boniface
montent les caméras

Ci-contre :
Ted accroche
les quatre rideaux

Le décor est planté,
il reste à disposer les accessoires
prévus pour la prochaine émission

# DÉCORS ET ACCESSOIRES

En dehors des structures de base du plateau, il existe tout un ensemble d'accessoires destinés à créer des ambiances particulières, notamment dans le cas d'émissions à thèmes.
Cela va des éléments classiques comme les chaises, pupitres, comptoirs, palmiers artificiels à une tente aménagée en salon d'accueil, en passant par des structures gonflables et autres machines à faire de la neige artificielle, ou carboglace pour produire de la fumée rampante. Le tout est placé sous la responsabilité de Jean-Paul François, régisseur ensemblier. Il dirige tous les changements de décor durant l'enregistrement. Or, ceux-ci doivent s'effectuer au pas de course, le temps d'une page de publicité, et installer en quelques secondes un piano de 250 kg n'est pas chose facile. Chaque accessoire doit être placé à l'endroit précis marqué au sol par Érika. Mais parfois, et malgré ce bel ordonnancement, il faut improviser et bricoler au dernier moment, en quelques minutes, l'accessoire nécessaire à parfaire un décor.

## LES GRENOBLOIS

L'émission *Champs-Élysées* passa un beau jour à Grenoble. Une bande de copains au chômage, Éric Benatti (Ben) et, de gauche à droite sur la phot ci-dessus, Denis Jouffrey (Den's), Jean-Marie Buscemi (Bush), Ted Tarricon Pierre Casimir (Pierrot) et Olivier Perbost (Olive) jouaient les machinistes lors des concerts et des grands spectacles. Leur efficacité fut remarquée par Stéfanie Jarre, qui leur proposa de travailler avec l'équipe de *Stars 90*. Depuis, ils n'ont plus quitté Paris, mais on les appelle toujours les Grenobloi Tous sont free-lance et c'est Ted qui gère les contacts du groupe.
Avec succès : on les retrouve sur la plupart des plateaux de télévision.

Jean-Claude François,
Pascal Lemoigne, Max Cordelle,
pour un piano de 250 kg

Jean-Paul et Michel choisissent
le portrait de Claude François
pour décorer le plateau de l'émission
qui lui est consacrée

Un dernier coup
de peinture,
une heure
avant l'émission

Il faut parfois
bricoler
un accessoire
à la dernière
minute

Une tente aménagée
en salon d'accueil
pour l'émission
consacrée
aux femmes
de ministres

Des structures
gonflables
imaginées par
Michel Benjamin
pour une spéciale
foire du Trône

# LA SOCIÉTÉ FRANÇAISE DE PRODUCTION (SFP)

La Société française de production loue ses moyens matériels et humains à ses clients, des sociétés de production d'émissions de télévision comme celle de Michel Drucker.
Les matériels utilisés, qui sont détaillés dans les pages suivantes, sont tellement complexes et onéreux qu'une société de production ne peut se permettre de les acquérir, surtout si elle ne produit qu'une seule émission.
Les techniciens qui interviennent ainsi sur *Stars 90* sont toujours les mêmes, leur professionnalisme et leur fidélité à Michel Drucker sont exemplaires.

## FRANÇOISE HAHANG

À la tête de cette équipe se trouve une femme, Françoise Hahang, chargée de production pour *Stars 90* depuis 1991.
Dotée d'un BTS de secrétaire de direction, Françoise, femme volontaire, passe en 1989 un concours interne très sélectif à la SFP : sept places seulement sont à pourvoir. Elle en décroche une !
Depuis, c'est elle qui estime, pour chaque émission à réaliser, quels moyens en hommes et en matériel seront nécessaires aux prises de vues et au montage des images. Elle établit alors un devis. Sur le plateau, c'est encore elle qui vérifie le bon déroulement du travail et qui, bien sûr, doit trouver la solution pour parer avec les techniciens à tout imprévu : panne, incident, défaillance.

**Jocelyne Mérienne, adjointe de production (à gauche), et Françoise Hahang, responsable SFP pour *Stars 90***

## JOCELYNE MÉRIENNE

Après avoir travaillé comme secrétaire de direction à M6, Jocelyne Mérienne passe en 1980 le concours interne d'adjointe de production.
Elle collabore ensuite à plusieurs émissions comme *Dimanche Martin*, puis rejoint Michel Drucker sur le plateau de *Champs-Élysées*.
Elle assiste Françoise Hahang dans la gestion des moyens en personnel et en matériel mis à disposition par la SFP.
Quelle est la première qualité nécessaire à son métier ?
« Avoir un sens aigu des rapports humains », répond-elle sans hésiter.
Il lui faut en effet s'adapter à tous les imprévus et éviter tous les problèmes, tant avec le client (Productions DMD) qu'avec les techniciens.
Elle doit également avoir une excellente connaissance des métiers de la télévision et être très disponible.

## MADELEINE HAMY-CHAVY (régisseur)

Issue de l'ORTF, après un concours interne et trois mois de stage, elle est chargée des retours (écrans de contrôle que Michel doit avoir constamment en ligne de mire).
Elle gère également les éléments mobiles (caméras...) et veille à leur bonne circulation, assurant ainsi le confort de l'équipe.

Une vue d'ensemble des cadreurs préparant leur caméra avant une répétition

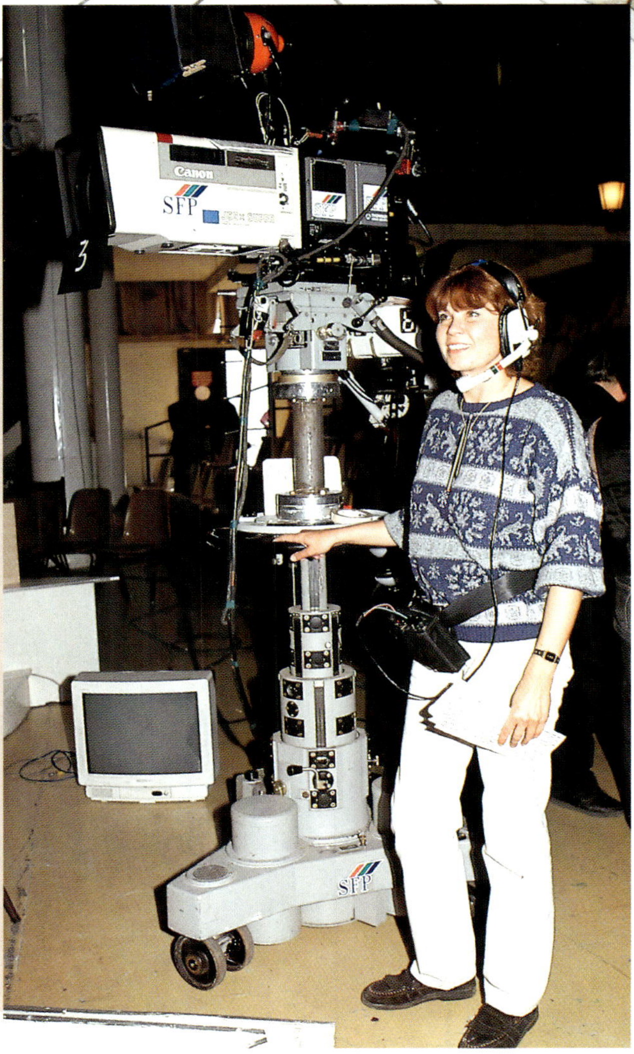



Madeleine Hamy-Chavy, régisseur

Les trois cars de la SFP : le car régie, le car magnéto et le car haute fréquence (HF)

# LES CADREURS

Au cinéma, on les appelle cameramen, mais à la télévision, ils sont cadreurs. Dans les deux cas, leur métier consiste à filmer en utilisant une caméra adaptée aux conditions de prises de vue.

Devenir cadreur requiert une solide formation technique. En outre, il faut savoir s'adapter à l'évolution permanente du matériel, disposer d'une bonne maîtrise de soi, d'une mémoire et d'une acuité visuelles excellentes.

Sur un plateau, le cadreur est aidé d'un assistant qui déplace la caméra et d'un machiniste qui veille à lui faire le chemin, notamment en dégageant le câble de liaison de la caméra au car régie.

Durant les répétitions, le cadreur repère sur le conducteur – le plan de l'émission – ses interventions en temps et en lieu, ainsi que les mouvements de caméra, ou travellings.

Il fait des repères au sol, qu'il respectera au centimètre près durant l'enregistrement de l'émission.

En liaison radio permanente avec le réalisateur et la scripte, il attend d'eux les ordres correspondant à chacune de ses interventions.

Sur sa caméra, il doit surtout régler la netteté et le cadrage. La couleur l'est depuis le car de régie.

*Stars 90* utilise deux caméras légères, deux caméras lourdes, une caméra montée sur un support de type Louma et une caméra montée sur un support de type Steadicam.

**Yves Bocci assisté d'Antoine Vidal**

**Jean-Pierre Calinaud fait une mise au point**

## LES CAMÉRAS LÉGÈRES

**P**ortées sur l'épaule ou fixes, sur un trépied, elles pèsent tout de même 10 kg.

Dans le premier cas, le cadreur doit veiller bien entendu à ne pas trembler, même s'il filme en marchant. Tout est une question d'entraînement, mais pour un spectacle de trois heures, cela représente une belle performance !

**Jean-Yves Lamassoure filme le sabotier dans l'émission sur les petits métiers en voie de disparition**

**Alain Hugon assisté d'Éric Marcel**

Jacques Baujard, un des anciens de la SFP assisté de Jean-Alain Montebrun

Jean Martinet et Jean-Pierre Julien

## LES CAMÉRAS LOURDES

Ces caméras, très complexes, ont été modifiées afin d'être adaptées au plateau de *Stars 90*. Elles ont ainsi reçu une allonge en hauteur, un projecteur supplémentaire, appelé la mandarine, sur le dessus, le viseur étant situé en bas au lieu d'être en haut.

Ci-contre, les éléments de la caméra comme si vous étiez cadreur, le casque sur les oreilles.
Au centre, le viseur, ou écran de contrôle du cadrage, et, épinglé en dessous, voici le conducteur. L'image est en noir et blanc afin d'offrir une meilleure définition et de permettre un réglage plus fin de la netteté. La couleur est réglée depuis le car régie. La poignée de gauche commande le zoom, celle de droite la mise au point. À vous de jouer !

Cette photo fait apparaître les modifications apportées aux caméras lourdes pour *Stars 90*

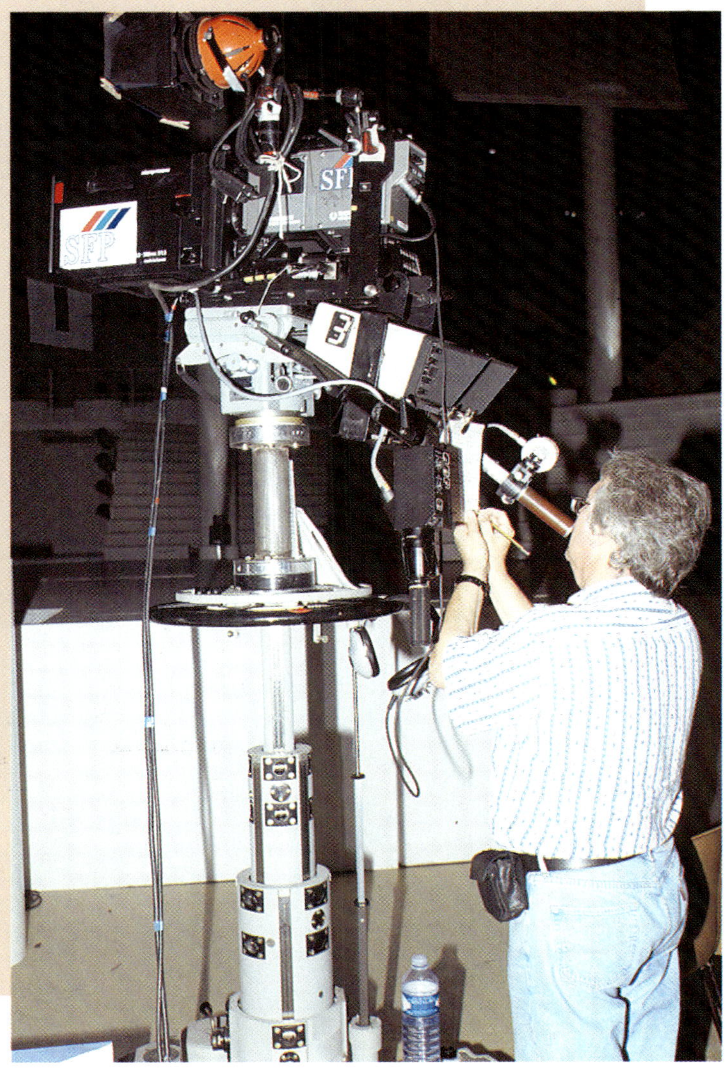

# LA LOUMA

Ce support de caméra exceptionnel est d'origine française. Il tire son nom de celui de ses deux inventeurs, Jean-Marie Lava**lou** et Alain **Ma**sseron.

Utilisé dans le tournage de films publicitaires, il trouva très vite sa place sur les plus grands plateaux de cinéma du monde entier et fut introduit pour la première fois à la télévision en 1978 dans une émission spéciale Joe Dassin réalisée par Roger Pradine.

Une idée simple en est à l'origine : concevoir une sorte de grue capable de faire évoluer la caméra dans un espace à trois dimensions, au centimètre près et sans vibration. Ils mirent ce support au point pendant leur service militaire en 1970 pour les nécessités d'un film documentaire tourné à l'intérieur d'un sous-marin. L'espace restreint les amena à trouver le moyen de faire évoluer la caméra dans les coursives. La Louma était née.

Cette grue est manipulée par cinq personnes et comprend un chariot pouvant, suivant le type de roue utilisé, se déplacer sur le sol ou sur des rails.

Un assistant commande l'orientation simultanée des quatre roues à l'aide d'un volant. Pour l'amener d'un repère de séquence à un autre, il doit pousser le chariot qui pèse 750 kg. Un machiniste veille à dégager tous les obstacles pouvant se trouver sur la trajectoire.

Articulée autour d'un axe vertical et d'un axe, horizontal, une flèche réglable en longueur porte la caméra à une extrémité et un contrepoids à l'autre.

Un chef machiniste manœuvre cette flèche tout en suivant les cadrages en cours.

La caméra est fixée sur une équerre et peut elle-même pivoter autour de deux axes (voir schéma).

Le cadreur contrôle ce qu'il voit sur un moniteur vidéo et commande les mouvements de caméra avec deux petits volants électroniques.

Quant à l'assistant opérateur, il dispose d'une télécommande de mise au point et de zoom. Ces deux réglages sont effectués à distance grâce à une petite caméra, fixée sur la caméra principale, qui filme les graduations de l'objectif de cette dernière et renvoie les images sur un moniteur vidéo.

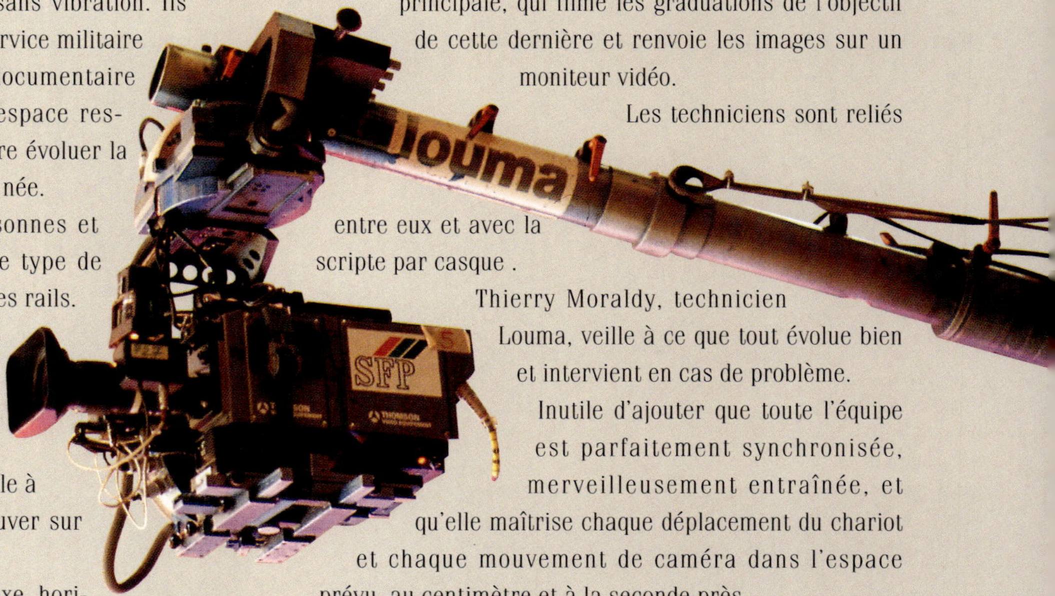


Les techniciens sont reliés entre eux et avec la scripte par casque .

Thierry Moraldy, technicien Louma, veille à ce que tout évolue bien et intervient en cas de problème.

Inutile d'ajouter que toute l'équipe est parfaitement synchronisée, merveilleusement entraînée, et qu'elle maîtrise chaque déplacement du chariot et chaque mouvement de caméra dans l'espace prévu, au centimètre et à la seconde près.

« La Louma, attention, c'est à vous dans cinq secondes pour un travelling de vingt secondes. 5, 4, 3, 2, 1, 0, partez ! »

**Grâce à la Louma la caméra évolue au-dessus des spectateurs**

René Hazé (à gauche), assistant cadreur, fait les réglages de mise au point. Maurice Auriat, cadreur, cadre et règle le zoom

Thierry Moraldy surveille les opérations. Pierre Van Quathem et Jean-Lou Chirolles constituent la deuxième équipe apte à utiliser la Louma

Jean Richert (à gauche) manipulera le bras de la flèche tandis que Jean-Pierre Julien dirigera avec un volant le déplacement de l'ensemble (750 kg)

Michel Drucker présente souvent ce support astucieux bien français

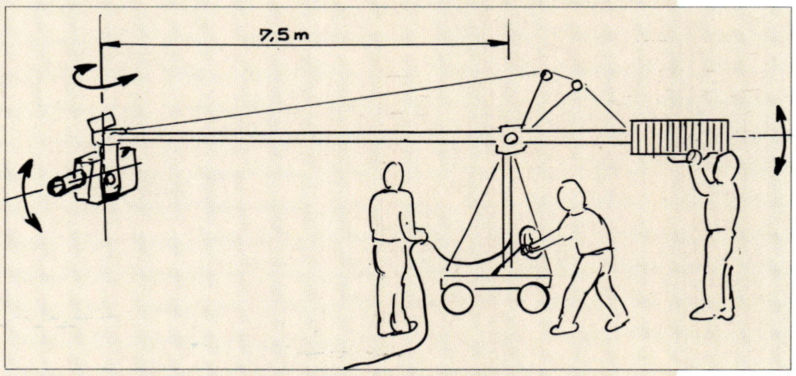


Ce schéma montre les mouvements possibles de la caméra ainsi que les trois techniciens nécessaires à sa manipulation

# LE STEADICAM

Inventé en 1976 par l'Américain Garrett Brown, cet autre support mobile de caméra à la conception astucieuse permet au cadreur de se mouvoir, de courir, de monter des escaliers sans provoquer de mouvements saccadés de la caméra et des images.

Tout mouvement brusque du cadreur, du fait de l'inertie des masses (caméra, contrepoids, piles), se traduit par un mouvement lent et retardé de la caméra un peu comme l'action d'une roue par rapport à une voiture lorsqu'elle passe sur un caillou.

Disons pour ceux que la technique intéresse que le centre de gravité (cdg sur le schéma) est abaissé grâce à une masse en bas du support, lequel est relié à la ceinture du cadreur par un système cardan plus parallélogramme déformable. L'invention fait l'objet d'une dizaine de brevets.

Le poids de l'ensemble Steadicam plus caméra dépasse les 30 kg et il faut toute la force et l'agilité d'un Valentin pour le faire évoluer.

Grâce à cette caméra autonome, le cadreur peut se déplacer où il veut, ne s'en prive pas, virevolte autour des vedettes, s'approche ou s'éloigne d'elles.

Les images sont fournies en direct au car haute fréquence. L'absence de câble sur la caméra est compensé par une antenne relais pointée par Georges Saleh et reliée au car HF. Dès réception, les images sont numérisées puis renvoyées au car régie.

Au pavillon Baltard, la structure métallique des piliers nuit à la propagation HF des images, ce qui se traduit par des rayures. Pour pallier ce problème, la caméra, grâce à un magnéto incorporé, enregistre une cassette appelée secours-vision.

Ainsi, lors du montage final, les images HF inutilisables sont remplacées par d'autres prélevées dans la cassette secours, bien que de moins bonne qualité, les couleurs n'ayant pu être numérotées et corrigées.

**Ces trois photos montrent les rotations possibles à 360° de la caméra suivant deux axes**

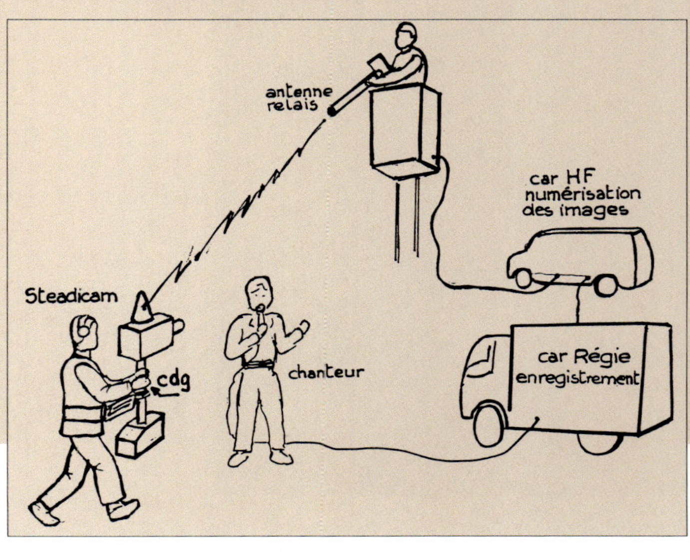

Valentin Monge : passionné par son métier, il doit faire preuve d'une forme éblouissante pour évoluer comme il le fait sur le plateau de *Stars 90* avec les 30 kg de son appareil. Son père, Jacques, fait le même travail sur les plateaux de cinéma. Il a filmé entre autres *Cyrano*, *Indochine*... Jacques fut en fait le premier à utiliser le Steadicam en France

Marc Strens, dit Biloute, vingt-cinq ans de métier est un technicien vidéo formé sur le tas (il existe désormais une école à Valenciennes). Il a connu de 1980 à 1990 la grande révolution de la miniaturisation et de l'accroissement de la qualité de l'image. Marc a suivi toutes les dramatiques, pour lesquelles il fallait restituer une atmosphère particulière à l'aide de filtres colorés ou autres effets. Les corrections qu'il opère sur les images visent à donner une certaine sensibilité à l'émission. Cela nécessite une excellente acuité visuelle et des réflexes exceptionnels, car elles sont toutes faites en instantané, à l'aide des moniteurs, oscilloscopes, vecteurscopes, grilles de commutation ou autres synchronisateurs

Georges Saleh, dit Jojo, technicien haute fréquence (HF), travaille avec Michel Drucker depuis l'ORTF. Sa sympathie et sa bonne humeur font le bonheur de tous sur le plateau. Parmi ses meilleurs souvenirs, le Tour de France, qu'il suit depuis 1981

# LE PLAN LUMIÈRE

**S***tars 90* est la seule émission télévisée à réunir les deux systèmes Vari-lite et Téléscan. Le premier est américain, le second français, et leur complémentarité en a fait les leaders au niveau mondial.

**Laurent Basset, technicien ; Kamel Benhatta opérateur et Christophe Escandre, directeur de la photo**

## VARI-LITE

**C**e système a été conçu pour le spectacle et c'est Thierry Malaterre qui l'introduisit en France en 1987, l'utilisant pour l'émission *Stars 90*.

Thierry Malaterre a malheureusement disparu au sommet de son art en 1992. Il s'était imposé très vite comme le plus grand spécialiste de la lumière pour les grands shows télévisés. Il avait travaillé avec Jean-Michel Jarre et installé tout le système de base de *Stars 90*.

Le projecteur Vari-lite est entièrement automatisé. Ses fonctions, codées, sont commandées à distance. Le projecteur peut tourner complètement autour de son axe et s'orienter sur 280°. La couleur, la focale, la netteté, les gobos (petites pièces de métal ajourées comme des pochoirs et permettant de projeter des ombres chinoises), tout cela en fait un matériel exceptionnel. Chaque projecteur atteint d'ailleurs la valeur de 60 000 F.

Le principe consiste à programmer les mouvements des projecteurs à l'aide d'une boule située sur la console de commande. Lors de l'émission, l'ordinateur restituera les mêmes mouvements dès que l'ordre en sera donné. Cela implique que, sur le plateau, chaque déplacement de personne et de caméra doit être prévu au centimètre près. Il s'agit là d'un matériel hautement professionnel, qui ne laisse aucune place à l'improvisation.

## CHRISTOPHE ESCANDE

**A**ncien élève de Thierry Malaterre durant quatre ans, Christophe Escande assure la direction de la photo. Électrotechnicien de formation, il a appris son métier sur le tas, notamment au Club Méditerranée, une excellente école où il faut savoir prendre les choses en main. Totalisant plus de dix années d'expérience, il résume ainsi les difficultés à résoudre dans une émission comme *Stars 90* :

« Pour chaque enregistrement, il faut prendre en compte l'immensité de la salle, la diversité des décors, l'ambiance à créer : mer, ville, rêve..., le type de musique : variété, rock..., le nombre de personnes évoluant sur le plateau et surtout les visages à éclairer. À la télévision, ce dernier point est de loin le plus délicat : il faut éviter les ombres portées. »

Christophe est assisté d'une quinzaine de techniciens. Tous sont reliés à lui par casque et lui-même est en liaison avec le réalisateur et la scripte.

Le matériel utilisé est impressionnant : 360 projecteurs traditionnels, 70 projecteurs Vari-lite, 8 Téléscan, 6 poursuites, 2 Pani, 1 console traditionnelle, 1 console Vari-lite, 1 console Téléscan, 100 gradateurs, plus de 3 km de câbles pour une puissance totale de 250 kW. L'énergie électrique est fournie par le courant normal et par un groupe électrogène, cela pour des raisons de sécurité.

**Mohand Tigrine (Momo) est le régisseur lumière. Il pointe ici son doigt sur l'interrupteur général. Il est l'intermédiaire entre Christophe Escande et les fournisseurs**

la console Artisan

## TÉLÉSCAN

Ce système fut inventé par un Français, Didier Leclerc ; il est complémentaire du Vari-lite. Plus puissant, il utilise des faisceaux plus larges et des mouvements plus rapides que le Vari-lite, lequel est plus petit, plus facile à placer dans un décor et disposant de débattements plus importants. En outre, comme son compère américain, le Téléscan dispose d'une commande à distance.

Didier Leclerc a travaillé pour Claude François et il est décédé pratiquement au moment où *Stars 90* enregistrait l'émission consacrée au célèbre chanteur.

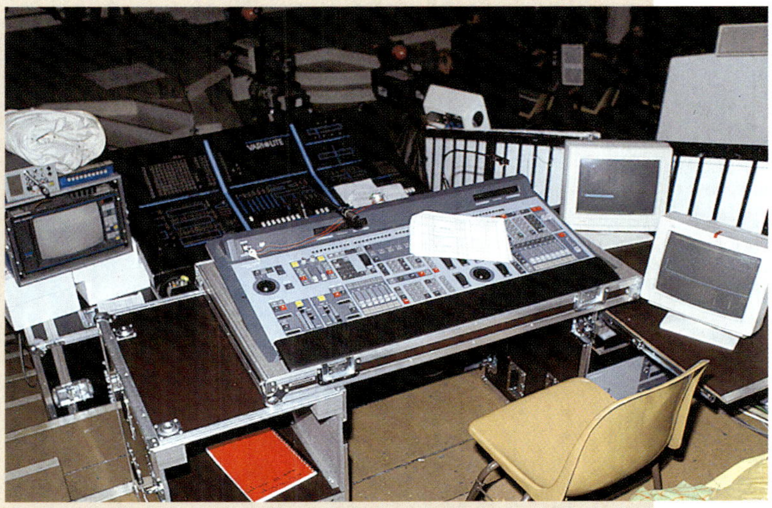

Jean-Luc Bertet et Maxime Baril (Max) à la console de commande des trois-cent-soixante projecteurs traditionnels

Véronique Lazzarini (Véro) au poste de la console Téléscan qui a en charge les huit gros projecteurs du même nom

## LES « PANI BP 12 KW »

Marco Narcisse aux commandes du Pani

Christoffe et Sahla dirigeant les deux poursuites aériennes

**L**e Pani est un appareil d'origine autrichienne créé pour le théâtre. Il peut projeter des images de 500 mètres de côté à une distance de 500 mètres. Le support de base est un document filmé, reproduit à partir d'un dessin, une grande, très grande diapositive en quelque sorte.
Les images sont projetées sur le décor dont chaque élément constitue un écran. L'effet de scène est alors impressionnant.
Les motifs, choisis par le directeur photo, sont fabriqués par Marie-Jeanne Gauthé et sont fonction de l'émission et de l'ambiance à restituer : palmier, profil de Charlot...
L'image peut être animée en la faisant défiler devant le projecteur ou en faisant tourner devant elle un prisme qui donnera l'illusion que les images projetées se déplacent dans le ciel.
Sur la photo, Marco Narcisse, projectionniste qui a suivi une année de formation pour ce système, utilise l'appareil.

Alex, poursuite principale

## LES POURSUITES

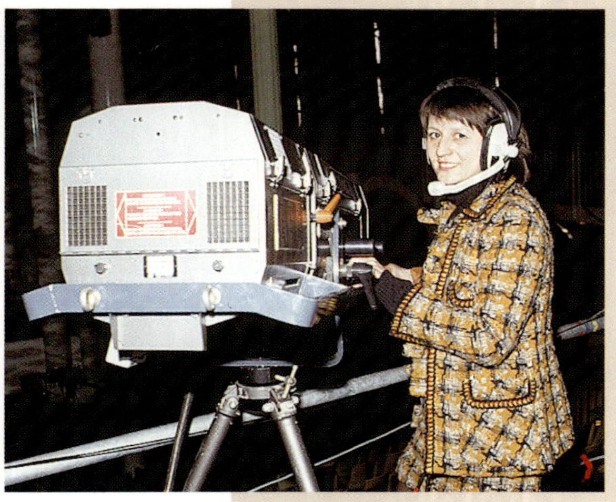

Lisa Boulou oriente une poursuite principale

### LISA BOULOU

**E**lle gère les six poursuites manuelles. Ces projecteurs sont appelés ainsi car ils suivent les personnages qui se déplacent sur le plateau. *Stars 90* utilise deux poursuites principales, deux latérales et deux aériennes.

Gérard, poursuite latérale

Nordim avec une poursuite latérale

# LA SONORISATION

Gilles

Hormis le son reçu par le téléspectateur sur son téléviseur, géré depuis le car SFP, il existe deux autres régies traitant le son : la sonorisation de retours et celle de façade, dont la qualité conditionnera d'une part le confort des artistes et d'autre part les réactions du public.
Du fait de l'acoustique très particulière du pavillon Baltard, verre et acier, et des exigences des artistes, recherchant des conditions proches de celles de leurs spectacles, le travail des sonorisateurs est assez ardu !
Comme pour un concert, une soixantaine de haut-parleurs et des kilomètres de câbles devront être installés et démontés à chaque émission.
Le « retour » étant pour l'artiste le seul témoin de sa prestation, son réglage demandera de l'oreille et beaucoup de diplomatie. Car il s'agit toujours de régler le dilemme entre le chanteur qui veut entendre aussi fort qu'en concert et de la prise de son télé, laquelle doit être faite avec le moins de bruit possible.
Pour *Stars 90*, c'est la société Lazare Electronic (Gilles, Michel, Shitty, Christian, Pierrot) qui gère la sonorisation. C'est la première équipe privée, habituée au spectacle, à avoir apporté à la télévision des méthodes et des matériels de scène, et ce depuis plus de douze ans et grâce à Michel Drucker.
Comme le dit Lazare : « Michel nous a permis de développer notre savoir-faire. Il nous a toujours été fidèle. Aussi notre participation à *Stars 90* est-elle toujours prioritaire. »

Michel

Gilles, Lazare, Shitty

Christian
au montage

Shitty
à la console

# LE CAR RÉGIE : ÉQUIPEMENT VIDÉO

La SFP fournit trois cars pour l'émission :
- un car vidéo (sept à neuf techniciens) dans lequel sont choisies, gérées et corrigées les images et le son ;
- un car magnéto (deux à trois personnes) qui gère les images d'appoint, généralement tournées en extérieur ;
- un car HF – haute fréquence – (une à deux personnes) pour la caméra Steadicam.

Les trois cars sont opérationnels en quatre heures.

## LE CHEF DE CAR OU DE RÉGIE

**D**'une formation d'électronicien, Jean-Pierre Petitallot a suivi un stage d'une année à l'Institut national de l'audiovisuel (l'INA). Il lui a fallu six ans pour être autonome et pouvoir travailler à la SFP où il n'existe que... dix postes !

Son travail consiste à assurer la qualité technique de l'image, la qualité artistique étant à la charge du réalisateur.

Six caméras évoluent sur le plateau, pour lesquelles il faut régler à chaque instant le cadrage, la distance et la netteté – rôle du cadreur – ainsi que la constance de la couleur à l'aide des diaphragmes – rôle du chef de car. Si chaque cadreur s'occupe de sa propre caméra, le chef de car, lui, doit régler simultanément la caméra en action et celle qui va prendre le relais.

Pour mener à bien cette tâche, le chef de car dispose d'oscilloscopes, de colorimètres, de récepteurs..., mais aussi et surtout de l'œil, qu'il convient d'avoir bien exercé !

**Jean-Pierre Petitallot. Le chef de car-régie règle les couleurs**

Les corrections sont permanentes car un artiste qui se déplace sur un aussi grand plateau que celui de *Stars 90*, passant d'une zone d'éclairage et de couleur à une autre, doit garder une même teinte de visage. Le visage a en effet priorité sur le décor.

Les préréglages sont effectués durant les répétitions avec la doublure lumière Érika, qui remplace chaque vedette. Le chef de car est en liaison radio permanente avec le directeur photo qui peut, si nécessaire, modifier ses éclairages.

## CAR RÉGIE

**L**es images des six caméras arrivent sur six écrans du car régie. Le réalisateur les choisit en fonction des prévisions notées sur le conducteur. Elles sont alors enregistrées sur deux magnétoscopes (dont un de secours).

Cette cassette, appelée le final, sera traitée au studio de montage pour les dernières corrections.

Pendant l'enregistrement, le réalisateur ne quitte pas le car.

Difficile de décrire l'ambiance, mais le réalisateur suit les six écrans des yeux comme s'il dirigeait une bataille et donne des caméras comme un général le ferait de sa cavalerie.

Aidé en cela par la scripte, il transmet des ordres, qui fusent et parfois se superposent. Tous les techniciens sont alors à l'écoute, tant dans les cars que sur le plateau, reliés par modulation de fréquence à ce chef d'orchestre en alerte constante. Sang-froid, vitesse. Éviter l'erreur. Sinon, cela obligerait tout le monde à refaire un plan sur le plateau.

« Attention, Valentin, dans quinze secondes c'est à toi ! La Louma, t'es dans le plan de la Steadi !... Valentin, à toi dans dix secondes... Top la 2 (caméra 2). Valentin, dans cinq secondes ! Bouge pas, la 4 ! Valentin, à toi pour un travelling de dix secondes... » Et ainsi de suite durant deux heures trente !

**Le car régie comprend trois compartiments l'équipement, la régie, le son, avec à leur poste :**
**1 - Le chef de car**
**2 - Un assistant**
**3 - Le réalisateur**
**4 - Le truquiste**
**5 - Le monteur**
**6 - La scripte**
**7 - L'ingénieur du son**
**8 - Son assistant**

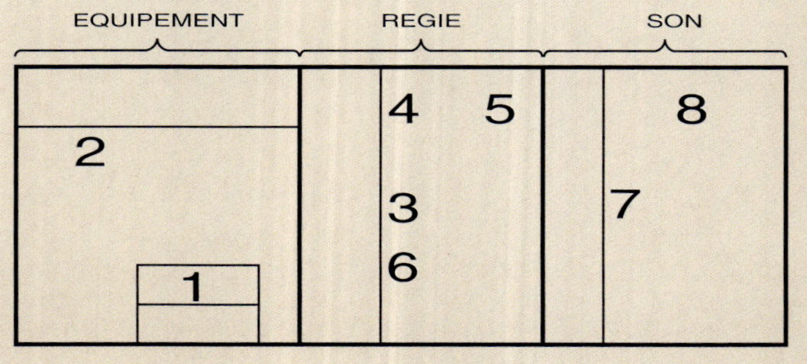

**L'équipement avec Didier Baron, technicien**

## LE TRUQUISTE

**L**e truquiste cadre et intègre une image fixe par exemple, un portrait, un paysage..., qui devra être incrusté dans l'écran de télévision à l'endroit précis défini par le réalisateur.
Il incorpore également les textes venant en sous-titrage. Sa dextérité lui permet de manier avec précision son pupitre de travail et de réaliser des prouesses de technique et d'illusion...

## L'INGÉNIEUR DU SON

**I**ls sont deux à travailler à *Stars 90* : Christian Lemarchand et Alain Eppstein. Le rôle de l'ingénieur du son est bien entendu de la plus haute importance car il conditionne la qualité d'une émission. Le son issu d'un téléviseur a des origines différentes. Il est capté puis monté et mixé sur la cassette définitive de la façon suivante. Le matériel de prise de son comprend plusieurs micros appelés sources, jusqu'à quarante, reliés à la console qui se trouve dans le car SFP.
Ces sources sont :
- le micro de Michel Drucker ;
- ceux des invités, jusqu'à douze. Ceux-ci sont repérés par des bandes de couleurs différentes pour que chaque invité ait le même micro durant les répétitions et l'émission ;
- s'il y a un orchestre, un micro pour chaque instrument ;
- les micros d'ambiance, au nombre de huit ; certains sont placés près du public et destinés à capter les rires durant un sketch, les autres sont placés loin du public et servent à capter les applaudissements ;
- les sources hors plateau comprenant :
• les sons des magnétoscopes, pour les séquences reportages enregistrées durant les semaines précédant l'émission et diffusées durant celle-ci,
• les sons des magnétophones pour les play-back et les jingles.
Toutes ces sources arrivent sur la console de l'ingénieur du son qui devra mélanger, doser, en donnant à l'ensemble le meilleur équilibre possible. Là apparaît toute la complexité du travail à accomplir. A sa disposition, deux outils :
- la console, comportant autant de curseurs de réglage que de micros ;
- son oreille, qu'il convient d'avoir musicale.

Alain est entré à l'ORTF sur concours en 1970 (il existe maintenant une école, Louis Lumière, dans le Val-de-Marne). Il reconnaît que le meilleure outil de travail pour faire ce métier reste l'oreille, à l'instar de l'œil pour les réglages des couleurs des caméras.
Au-delà des moyens techniques de la plus haute sensibilité, et pour mesurer ce que l'ingénieur du son doit réaliser, il suffit de faire le point comme il est expliqué ci-après.
Durant les répétitions, Alain doit régler avec ses curseurs, à l'oreille, les quelque quarante sources décrites précédemment.
Ces réglages portent sur :
- le niveau, ou intensité, de chaque son suivant que la personne parle doucement ou fort ;
- la couleur, selon que le son est aigu ou grave ;
- les effets spéciaux.
Alain note sur son conducteur tous ses réglages, de manière à les restituer le soir de l'enregistrement. Seulement, tous les invités ne participent pas aux répétitions. Il faudra donc faire en plus des réglages en direct.
Lorsque l'on sait que, pour chaque source, c'est un réglage permanent qu'il faut réellement effectuer, on a compris le degré d'attention et le talent que nécessite ce métier.
Pour les passionnés de la technique, ajoutons enfin que tous ces sons sont enregistrés sur les deux bandes respectives de trois magnétoscopes dont deux reçoivent les mélanges complets et un enregistre les images d'une caméra divergée. Chaque bande comporte quatre pistes : deux longitudinales, pistes 1 et 2 comme sur une cassette audio normale, deux en modulation de fréquence, de meilleure qualité , dans l'image : pistes 3 et 4. Sur les pistes 1 et 2, tout est enregistré et mixé comme si l'enregistrement était fait en direct. Sur la piste 3, seule est enregistrée la voix de Michel Drucker. Sur la piste 4 sont enregistrées les ambiances. Cela permet durant l'opération de montage de corriger les imperfections. Par exemple, si la voix de Michel est trop couverte par les applaudissements, le monteur, Rémi, coupera cette partie de son. Il mettra à la place le seul son de Michel capté sur la piste 3 et ajoutera en les atténuant les applaudissements prélevés sur la piste 4. Durant cette même opération de montage, il faudra faire les coupures nécessaires pour ramener les 2 h 30 d'enregistrement à 1 h 30 environ.

**Jean-Pierre Spiero, réalisateur, Brigitte sa scripte ou Sandrine**

**Une vue des écrans sur lesquels arrivent les images des six caméras**

**Willy Golenzer, truquiste**

**Christoffe Philipson, truquiste**

**Christian Lemarchand, ingénieur du son, et Claude Bertholon, technicien**

**Allain Eppstein, ingénieur du son**

# LE CAR MAGNÉTO

Responsable du car magnéto, ou car de montage, Marc Faucillon (Fanfan) incorpore dans l'émission les images réalisées en extérieur ainsi que les extraits de films d'archives collectés par Marc Vaziaga.

Lorsque les cassettes de ces images lui sont remises, il effectue dans le car un montage sommaire.

Les producteurs visionnent celui-ci et font les corrections et sélections nécessaires.

Marc doit également effectuer les calages, c'est-à-dire qu'il réglera les moments précis ou s'incorporeront ces séquences par rapport aux interventions de Michel Drucker.

Puis il fera le montage définitif de toutes les séquences magnéto.

De toutes les cassettes, il en fera deux identiques, appelées bandes A et B. Il sera ainsi à même de travailler alternativement avec l'une et avec l'autre, pour passer un extrait de l'une puis un extrait de l'autre.

Cette opération se faisant parfois en quelques secondes, il lui faut avoir le temps de réagir, d'où deux cassettes identiques et deux magnétoscopes. Le calage est fait avec précision sur la première image et sur le dernier mot de cette même séquence.

A la disposition de Marc : cinq magnétoscopes, un ordinateur de montage, un mélangeur son, un lecteur de CD et de cassettes.

Lorsque le réalisateur annonce : « Envoyez le magnéto », c'est en fait à Marc qu'il s'adresse.

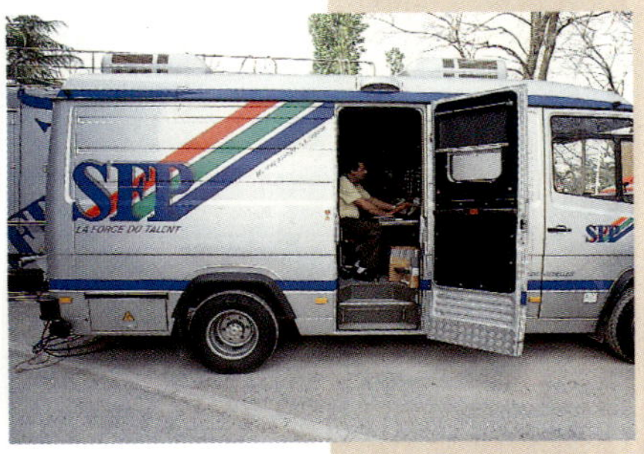

Le car magnéto

Marc Vaziaga à gauche et Marc Faussilon

Daniel Deudon,
assistant magnéto

# VIDÉO PROJECTION

Deux appareils de vidéoprojection permettent de montrer au public les séquences enregistrées en extérieur et qui seront intégrées dans la cassette finale de l'émission.

Les rétroprojecteurs ont été mis au point par la NASA. Installés dans les salles de contrôle, ils permettaient de suivre le décollage des fusées américaines !

Ce sont deux spécialistes, Jean-Luc Spehlen et Bernard Duchaussoy, qui en assurent le bon fonctionnement lors de *Stars 90*.

Des étoiles... aux Stars !

# LE STUDIO DE MONTAGE

Les opérations effectuées par Rémi Robin au studio de montage tiennent de la chirurgie esthétique. Leur précision est le gage d'une qualité parfaite des images.
Elles consistent en effet à effectuer les montages définitifs, à couper les longueurs, de manière à réduire tout l'enregistrement à la durée imposée.
Mais elles portent aussi sur l'amélioration de la qualité de l'ensemble en gommant les hésitations, les bégaiements, les bruits parasites... Toute la bande est ainsi visionnée afin de corriger les fautes les plus marquantes, lesquelles nuisent toujours à la qualité de l'interview.

Assistent au montage Françoise Coquet, parfois Michel Drucker, le réalisateur de l'émission et sa scripte. Ce montage peut prendre plusieurs jours.
Bien entendu, dans une émission en direct, ce travail ne peut pas être fait. Aussi toutes les imperfections subsistent-elles. La souplesse du différé permet d'améliorer la qualité d'ensemble de l'émission.
Rémi Robin utilise trois magnétoscopes. Il travaille au 25e de seconde et le voir faire est un spectacle en soi.
Détailler les opérations demanderait trop de commentaires techniques.

# LA DOUBLURE LUMIÈRE

Érika Bruget, ancienne hôtesse d'accueil, travaille à temps partiel pour *Stars 90* et elle ne lâcherait pour rien au monde l'équipe de Michel Drucker. Entre deux émissions, elle fabrique des bijoux.
Lors des répétitions, c'est Érika qui remplace les vedettes, ou Michel, afin que les réglages de lumière puissent être faits à l'avance. Elle doit suivre très précisément les déplacements prévus pour que les techniciens puissent régler leurs projecteurs.
En outre, Érika repère au sol, avec des numéros, des croix ou des ronds, les emplacements successifs des chaises, tabourets et autres accessoires. Durant l'émission, elle veille, le moment venu, à ce que chaque objet soit, au centimètre près, à la place qui lui a été assignée, dans la ligne de mire des projecteurs. Elle guide également Michel dans ses positions successives tout au long de l'enregistrement. Érika évoque le jour de l'émission consacrée aux Duschesnay, où tous ses repérages avaient disparu de la surface de la glace...

**N**ous avons expliqué dans les pages précédentes comment se construisait une émission comme *Stars 90*. Les réunions de mise au point se tiennent dans les bureaux de Productions DMD. Chaque responsable note sur son conducteur ses interventions et celles de son équipe.

## BRIEFING

**S**ur ce plateau, le réalisateur (photo ci-contre) organise des briefings afin que chacun, de l'ingénieur du son au machiniste, sache exactement ce qu'on attend de lui. Chacun note, dans le détail cette fois, toutes ses interventions. Puis viendra la générale, quelques heures seulement avant l'émission.

# LES RÉPÉTITIONS

Elles se déroulent généralement sur deux à trois jours. Tout doit en effet aller assez vite, en application du bon principe qui dit que le temps c'est de l'argent.

De plus, il est impossible d'immobiliser les vedettes trop longtemps.

Ces répétitions permettent de faire tous les réglages de lumière, de son, de durée, de cadrage et de déplacement des caméras...

Elles servent également à mettre au point les entrées et les sorties des invités.

Les photos de cette page ont été prises durant les répétitions.

Lorsqu'il y a des mouvements de groupe, ceux-ci sont répétés avec des membres de l'équipe qui prennent la place des invités.

Érika, la doublure lumière

# LA PAUSE RESTAURANT

Entre la générale et l'enregistrement, toute l'équipe des techniciens et des invités dîne au sous-sol du pavillon Baltard.

*Stars 90* est la seule émission qui offre ainsi un repas à ses techniciens.

L'ambiance y est chaleureuse et animée et c'est parfois l'occasion d'y fêter quelque anniversaire.

**Ci-dessus le traiteur, Gisèle Tondelier, entourée de ses serveurs : Kim, Dominique, Joël, Denis, Gisèle, Dominique, Fernandès**

## INTERVIEW

**Michel est très souvent sollicité par une chaîne de télévision ou par une radio pour répondre à une interview**
**Il est vrai qu'une émission comme *Stars 90* suscite la curiosité de bien des médias**

# MAQUILLEUSES, COIFFEUSES ET HABILLEUSES

Elles font partie intégrante de l'environnement de *Stars 90* et donnent la touche finale à un décor, à un costume, sans la moindre fausse note. Elles interviennent avant l'entrée sur le plateau mais aussi pendant l'émission pour corriger, sur les vedettes, les effets de chaleur des projecteurs ou ceux d'un numéro trop physique. Toutes sont de grandes professionnelles, qui savent que leurs clients sont exigeants et ne leur laissent pas le droit à l'erreur. Ces clients peu ordinaires, que des millions de téléspectateurs vont découvrir ou aimer, doivent être au meilleur de leur forme. Brigitte Sery ainsi que Nelly Pierret maquillent Michel Drucker depuis plus de sept ans.

« Le maquillage d'un artiste, explique Brigitte, doit prendre en compte l'ambiance de la scène, le type de lumière, les couleurs des projecteurs et, bien entendu et surtout, la morphologie du visage. Il faut faire un tableau, trouver les couleurs de maquillage les mieux adaptées, les moins violentes. » Les coiffeuses donnent surtout des coups de peigne, dix minutes avant l'entrée en scène. L'habilleuse doit remettre en forme des tenues, parfois sophistiquées, qui ont souffert d'un transport ou réparer un vêtement.

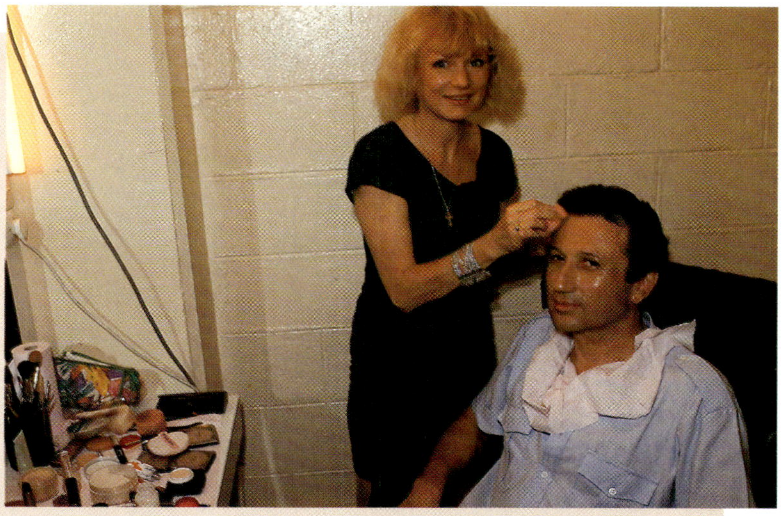

# L'ENTRÉE DU PUBLIC

Les spectateurs qui ont réservé, parfois depuis plusieurs mois, leur place à *Stars 90* arrivent toujours très tôt au pavillon Baltard.

Il n'est pas rare que les premiers attendent dehors depuis seize heures pour un enregistrement qui ne commencera que vers vingt heures.

Certaines soirées « chaudes », comme celle de l'OM, sont placées sous haute surveillance. Un dispositif particulièrement efficace est alors mis en place avec contrôle individuel aux entrées.

**Les membres du service de sécurité : Jean-François, Nicolas, Patrick, Jean, Franck, Jacques, Christian, Bruno, Patrick**

## LES HÔTESSES

Arrivés à l'intérieur du pavillon Baltard, les spectateurs sont pris en charge par sept hôtesses, charmantes comme il se doit. Placées sous les ordres d'André Lepenuizic, elles conduisent les spectateurs à leur place.
Durant l'émission, elles veilleront au confort de tous.

**Les sept hôtesses : Stéphanie, Marie, Nadia, Virginie, Laetitia, Nathalie, Alexandra**

## ANDRÉ LEPENUIZIC

Aidé de sept hôtesses, André Lepenuizic s'occupe du public. Avant chaque émission, il dispose d'un plan des tribunes avec, pour chaque siège ou rangée de sièges, les noms des invités, environ mille-deux-cents personnes. Les invités de marque sont placés dans les premières rangées, à deux mètres à peine du plateau. Les groupes qui viennent par cars entiers après avoir retenu leurs places quelquefois plusieurs mois à l'avance sont disposés dans les tribunes de face ou des côtés.
Durant le spectacle, André veille à la bonne tenue des spectateurs afin, comme il le dit, d'« éviter que cela ne fasse désordre à l'écran ».
Il prépare encore sur de grandes feuilles de papier des aide-mémoire pour les artistes qui en éprouvent le besoin.
Pendant les répétitions, il a noté tous les « mots de fin », à l'énoncé desquels il devra, le soir de l'enregistrement, lancer les applaudissements.

**Dany, épouse de Michel, assiste souvent à l'émission et participe volontiers à la bonne humeur générale**

Les spectateurs sont en place ainsi que les techniciens. Les cadreurs ont mis leur casque et sont en liaison avec le réalisateur et la scripte qui se trouvent dans le car régie. L'émission va pouvoir commencer.

**Selon un rituel bien établi, Jean-Paul François apporte à Michel un verre d'eau juste avant son entrée en scène**

**Ci-dessus : les photographes se tiennent prêts à fixer sur la pellicule tous les invités. Gros plans au 300 mm ou photos d'ambiances. De gauche à droite : Francis Vernhet, Jacques Loew, Patrick Roncen, Carole Morgane, Pascal Olivier, Lucien Jacquinot, Christoffe Billet, Étienne Chognard, Cyril Levan**

**Ci-dessous : Michel entre sur le plateau, salue le public, remercie les groupes venus des quatre coins de la France et présente l'émission qui va être enregistrée**

STARS 90
5..4..3..2..1.. Moteur
Envoyez le générique

PRÉSENTÉ PAR

Michel Drucker

TARS
90

PROPOSE PAR
Show
MUSIC

Françoise Coquet

# POUR NOTRE PREMIÈRE

## un parrain exceptionnel

Septembre 1989 restera dans ma mémoire comme le mois de l'inquiétude et de l'aventure. Passer d'Antenne 2 à TF1 en abandonnant un rendez-vous hebdomadaire qui durait depuis huit ans et qui avait pour nom *Champs-Élysées* était un pari fou. Partant du principe que dans notre métier la durée passe aussi par le risque, je décidai, à la demande de Patrick Lelay et d'Etienne Mougeotte, de créer une nouvelle émission bi mensuelle le lundi soir, jour traditionnellement réservé au cinéma. Changement de chaîne, mais aussi changement de lieu. En quittant le pavillon Potel et Chabot (que nous retrouverons trois ans après) pour le pavillon Baltard de Nogent-sur-Marne, nous abandonnions une certaine convivialité. Il nous semblait évident de changer de lieu pour ne pas laisser supposer que *Stars 90* était, sous un autre titre, la suite de *Champs-Élysées*. Lorsque je pénétrai à 20 h 30, sur le gigantesque plateau conçu par la décoratrice Stéfanie Jarre, je mesurai la difficulté de l'entreprise. Mille deux cents spectateurs, six cents mètres carrés de plateau, de quoi impressionner tout homme de télévision. Conscient du trac qui me paralyserait, j'eu heureusement la chance, dès ma première interview, d'avoir à mes côtés un invité prestigieux, habitué aux grandes arènes, showman complet, rompu à toutes les situations. Yves Montand était là, fidèle à sa promesse. Lorsque sa silhouette légendaire s'avança au centre du plateau, j'eus le sentiment que tout se passerait bien. Montand trouva les mots appropriés pour nous souhaiter bonne chance. Cette première se passa de façon harmonieuse. Michel Sardou, Francis Cabrel, Daniel Auteuil, Pierre Bachelet, Julien Clerc, Félix Gray et Didier Barvelivien furent eux aussi chaleureux et rassurants. Merci, cher Yves, de m'avoir si bien soutenu ce soir-là. Je n'oublierai jamais ce geste d'amitié. Je pense souvent à vous. Cette émission, qui est un peu la vôtre, entame sa quatrième saison sous les meilleurs auspices.

Des invités de choix pour la première : Félix Gray et Didier Barbelivien, Francis Cabrel, Julien Clerc, Pierre Bachelet et (ci-dessus) Denis Œhler, unijambiste américain qui court le 100 m en 11 s 73

# MICHEL SERRAULT

## un clown génial

Pendant de longues années, il fut l'heureux équipier de l'inoubliable Jean Poiret, jusqu'au jour où le cinéma en fit une tête d'affiche. Comme si, tout d'un coup, les producteurs de cinéma, qui ont la mémoire courte, avaient découvert l'étendue de son talent. En quelques films, il s'imposa comme l'égal des Gabin, Belmondo, Delon ou Ventura. Oubliées alors *La Cage aux folles* et les comédies légères des années soixante qui firent rire une génération de Français. Michel Serrault devint le partenaire de Romy Schneider, d'Isabelle Adjani, de Charlotte Rampling ou encore de Catherine Deneuve et entra du même coup dans le club très fermé des « acteurs césars ». Les occasions de rire avec ce comédien hors série, fort convaincant dans le registre dramatique, furent de plus en plus rares. Voilà pourquoi la présence de Michel à *Stars 90* fut pour moi un événement. Parce que ce soir-là c'est le Serrault de *La Cage aux folles* qui se présenta sous la coupole de Baltard. Transformé par ses soins en cavalier, homme orchestre, ceinturé d'un cor de chasse, affublé d'une grosse caisse, je me suis offert ce soir-là ma plus belle crise de rire... Il alla même jusqu'à présenter à Patrick Lelay, PDG de TF1, une facture astronomique de location de château, de troupeau de vaches, Serrault voulant faire croire au public que le petit film réalisé dans sa résidence secondaire avait été en fait tourné dans un lieu spécialement loué pour la circonstance. Ce soir-là, Serrault fut un clown génial.

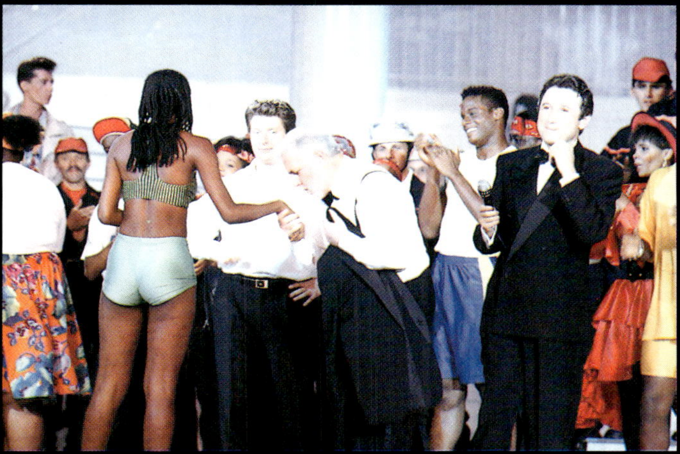

Ce soir-là, la sécurité civile fut à l'honneur. Comme chaque été, des hommes courageux doivent combattre le plus terrifiant des fléaux : le feu. Venus de Marseille, de Brignoles, de Nogent-le-Rotrou, de Corte, ces unités d'élite reçurent un accueil particulièrement chaleureux des mille deux cents spectateurs présents

# LE SHOW DU BÉBÊTE SHOW

Avec la complicité de Stéphane Collaro, Jean Roucas et Jean Amadou, nous avons à plusieurs reprises reçu la grande famille des marionnettes les plus célèbres de France. Ces photos ont été prises lors de leur premier passage chez nous. Ce fut un événement car, pour la première fois, la trentaine de bébêtes créées par Alain Duvergne apparaissaient toutes ensemble devant les caméras, ce qui représenta une performance de la part des manipulateurs. En effet, il faut savoir que chaque bébête exige le travail simultané de quatre bras ! De plus, il est indispensable de suivre les textes avec précision pour que les lèvres soient « synchro», tout en conservant un œil sur un minuscule téléviseur.
Bernard Tapie, grand témoin de l'émission, eut le privilège de faire la connaissance du taureau qui régulièrement le représente avant le journal de 20 heures. La classe politique était d'ailleurs présente au grand complet ! Jean Roucas s'en donna à cœur joie. Depuis, le *Bébête Show* poursuit sa carrière au sommet avec de nouveaux personnages, le Premier ministre Édouard Balladur – dit Balamou – étant bien entendu en première ligne. La deuxième cohabitation est une aubaine pour les auteurs d'une des plus grandes réussites de l'histoire de la télévision.

**Richard Clayderman : il a vendu 55 millions de disques dans le monde**

**Le final, avec tous les invités, dont Jean Roucas, Jean Amadou, Stéphane Collaro et Bernard Tapie**

Michel Fugain
à quelques jours
d'un Olympia
qui comptera

Toutes les marionnettes du *Bébête Show* réunies pour la première fois

# LE LURON

## leur maître à tous

Thierry Le Luron était notre ami. Il avait dix-sept ans lorsque, dans les coulisses de *Télé-Dimanche*, de Raymond Marcillac, je l'ai vu débuter. Il avait déjà tout compris. Ce surdoué, mort si jeune, a suscité bien des vocations. Pour tous les imitateurs français, il reste une référence, un maître. Ce soir-là, les douze plus grands imitateurs de la nouvelle génération, avec à leur tête Patrick Sébastien, étaient réunis pour le fêter et lui dire leur respect et leur admiration. Ce fut un feu d'artifice. Thierry était là parmi nous, au milieu de cette chorale étonnante qui interpréta *Nous nous reverrons un jour peut-être*, chanson que Charles Aznavour avait écrite pour lui. Un moment d'exception où le rire se mêla à l'émotion.

Nicole Croisille,
elle chante aussi le jazz

Bernardette,
recordwoman du loto
(39 929 370 F !),
est aussi une
passionnée d'opéra

La lambada,
danse de l'été

Le plus bel hommage qu'on pouvait rendre à Thierry Le Luron : tous ses disciples réunis pour la première fois. Sophie Darel, Christian Briand, Jean-Claude Poirot, Eric Blanc, Yves Lecoq, Bertrand Rousseau, Patrick Adler, Didier Gustin, Patrick Sébastien, André Lamy, Chantal Gallia et Jean Roucas

David Hallyday, son premier passage

La magie venue de Las Vegas a régulièrement droit de cité dans *Stars 90*

Diane Tell et Renaud Hanson dans un extrait de *La Légende de Jimmy*, de Michel Berger et Luc Plamondon, inspirée de la vie de James Dean

# LE RETOUR DE CABREL

Francis Cabrel et Roch Voisine chantant *Je l'aime à mourir*, grand succès de Francis, c'est l'image forte d'un des premiers *Stars 90*. Cabrel est une star au Québec depuis dix ans. Ses chansons sont connues de tous les artistes québécois et, depuis cette émission, il existe une version anglaise de cette chanson dans le répertoire de Roch Voisine. Francis Cabrel est un des auteurs-compositeurs les plus discrets de ce métier. Chacun de ses albums est un événement parce qu'attendu pendant plusieurs années. Cabrel, qui habite toujours dans son Sud-Ouest, n'apparaît pratiquement jamais à la télévision pendant ses longues périodes de création. Ce soir-là, Cabrel avait un an de plus, une célébration qui eut lieu en coulisse et qui fut à l'image de Francis, discrète.

Anne, l'animatrice du Disney Club, aux côtés de Jean-Pierre Foucault

Mylène, les premiers pas d'une chanteuse ayant pour marraine Brigitte Bardot

Jacques Balutin, mon professeur de vélo !

Les derniers mineurs du Nord, trois ans avant le film de Claude Berri : *Germinal*

# PROST, L'HOMMAGE À FERRARI

Désirant mettre à profit l'exceptionnelle superficie de la scène de *Stars 90*, j'eus le désir de faire rouler sur le plateau des voitures de rêve. Ma passion de la Formule 1 et l'admiration que j'ai pour Alain Prost me poussèrent à tenter l'exploit. Quelques-unes des plus belles Ferrari de l'histoire du célèbre constructeur italien réussirent, grâce à l'installation d'un plan incliné, à rouler devant les caméras de Pascal Duchêne, lui aussi fou de F1. De la Testarossa à la F40, en passant par les plus belles Formule 1 sorties des usines de Maranello, le sanctuaire italien du célèbre Enzo Ferrari, c'est une véritable fortune évaluée à plusieurs millions de francs qui fut présentée par Alain Prost en personne, premier pilote de l'écurie cette année-là. Hommage à une grande marque, mais aussi au meilleur pilote du monde, en présence du président de la Fédération internationale de l'automobile de l'époque, Jean-Marie Balestre. Deux ans après, le même Prost nous présenta l'écurie Williams-Renault, avec laquelle il décrocha son quatrième titre de champion du monde avant de prendre une retraite justement méritée.

Alain Prost
et Jean-Marie Balestre,
président
de la Fédération
internationale
de l'automobile

28
FIAT
Agip
1
Niki Lauda
Agip
arexons SKF

Ferrari - France

Ferrari - France

Line Renaud évoque Las Vegas
devant la troupe de la comédie musicale américaine *42e Rue*

Daniel Auteuil, un des parrains
de l'émission, avec Yves Montand

Les Vagabonds

*Uranus* :
l'équipe du film
de Claude Berri
au grand complet

La dernière apparition de la Compagnie Créole avant leur séparation

Gérard Depardieu et Philippe Noiret,
pour la première fois ensemble
sur un plateau de télévision

Ana, soliste
du groupe espagnol
Mecano

# YVES LECOQ

## un imitateur de charme

Si les imitateurs sont légion aujourd'hui, trois d'entre eux peuvent être considérés comme les dignes héritiers de Thierry Le Luron. Il s'agit de Patrick Sébastien, Jean Roucas et Yves Lecoq. Ce trio vient régulièrement nous rendre visite, pour notre plus grand bonheur. Une grande amitié et une complicité particulière me lient à eux depuis leurs débuts. Yves Lecoq fut le premier que je reçus. C'était dans les années soixante-dix. À l'époque, Yves chantait. Son œil bleu, sa silhouette de play-boy le prédisposaient aux registres des chanteurs de charme. Pourtant, chacun s'accorda à reconnaître que sa technique était éblouissante. Son répertoire est très vaste. Il va de Patrick Bruel à Mylène Farmer, de Frédéric Mitterrand à Henri Chapier, de Françoise Sagan à... Michel Drucker ! En vingt ans, il a gravi tous les échelons avant de devenir, avec le talentueux Jean-Éric Bielle, une des deux voix des fameux *Guignols de l'info* sur CANAL +.
Il restera donc avant tout l'imitateur parfait de Patrick Poivre d'Arvor, la star des *Guignols*. J'ajoute – et on a tendance à l'oublier – qu'Yves Lecoq sait aussi être un producteur de télévision et un présentateur excellent. Je n'ai pas oublié ses présentations des soirées d'élection de Miss France sur FR3. En un mot, ce garçon sait tout faire. Il sait être populaire et distingué, un exercice difficile et périlleux, maîtrisé magnifiquement. Il était d'ailleurs l'imitateur préféré de Thierry Le Luron. Quelle référence !

**Roland Magdane**

**Denise Grey, à quatre-vingt-dix ans, elle repartait en tournée. Son imitation par Yves Lecoq la fera beaucoup rire**

**Yves Lecoq et une de ses victimes !**

Elsa

Pauline Esther

Elsa et Michel Delpech

# LES SPEAKERINES

Elles font partie de l'histoire de la télévision. Pendant plus de trente ans, elle établirent le contact entre les téléspectateurs et les programmes. Elles furent aussi les premières grandes vedettes du petit écran, en raison des liens affectifs qui les reliaient quotidiennement à des millions de Français. Depuis quelques années, elles ont disparu petit à petit, remplacées par des bandes-annonces. Les réunir pour la dernière fois devant les caméras autour de Catherine Langeais, la pionnière, fut pour moi l'occasion de revivre de grands souvenirs et de leur rendre hommage.

Jil Caplan

Les speakerines : (derrière) Denise Fabre, Dorothée, Anne-Marie Peysson, Evelyne Dhéliat, Fabienne Egal, Evelyne Leclerc. Au premier rang : Michèle Demai, Jacqueline Caurat, Catherine Langeais, Virginie Crespeau

Sylvie Vartan, plus belle que jamais, nous apprend qu'elle va bientôt faire ses grands débuts au cinéma

Goldman, Fredericks et Jones, une de leurs très rares apparitions à la télévision

Toute la troupe de *La Dame de chez Maxim's* autour de Christian Clavier et Marie-Anne Chazel... Deux ans avant le triomphe du film *Les Visiteurs*

# LAMA COMÉDIEN

Après vingt ans de succès musicaux sur les routes de France, Serge Lama éprouva le besoin de jouer la comédie. Démarche courageuse de la part d'un artiste populaire aimant les challenges. Ses débuts au théâtre dans la pièce de Françoise Dorin La *Facture* furent très bien accueillis par une critique qui n'aime pourtant pas le mélange des genres. Serge, acceptant même d'interpréter en direct un extrait de la pièce, réussit à *Stars 90* l'exploit de faire oublier le chanteur. Depuis, il est revenu à la chanson. Son nouvel album est très attendu.

Nous avons accueilli ce soir là trois femmes exceptionnelles ; les commissaires Martine Monteil (répression du proxénétisme), Mireille Balestrazzi (vol de tableaux et d'objets d'art) et Danielle Thiery (sécurité dans les trains de la banlieue parisienne).

**Serge Lama, Lio, Agnès Soral et Paul Préboist chantent Lama**

**Martine Monteil, Mireille Balestrazzi et Danielle Thiery**

**Lama et la troupe de *La Facture***

**Agnès Soral et un nouveau partenaire d'un soir**

**Paul Préboist. Les enfants l'adorent**

Serge Lama et son complice Yves Gilbert

Les Vamps,
un an avant leur séparation

Frédéric François

Herbert Léonard

# L'ENVIRONNEMENT À L'HONNEUR

## avec Haroun Tazieff, Nicolas Hulot et Michel Berger

Haroun Tazieff est un vulcanologue mondialement reconnu. C'est aussi un homme de télé convaincant. Cet ancien joueur de rugby d'origine russe, à l'accent rocailleux, a vécu plusieurs vies. Venu présenter ce soir-là le premier tome de ses mémoires, il fut brillant et passionnant. Parce qu'il ne connaît pas la langue de bois, sa rencontre avec Nicolas Hulot, l'homme des grands espaces et de la fondation Ushuaia, et Michel Berger, venu chanter la protection de l'Antarctique, fut symbolique et pleine d'enseignement. Ce *Stars 90* fut le plus écologique de tous.

Nicolas Hulot restera dans l'histoire de la télévision comme l'homme de l'extrême. Il a suscité bien des vocations

François Feldman et Joniece Jamison

Dorothée

Yvette Horner transformée une fois de plus par le couturier Jean-Paul Gaultier

François Valéry

Hugues Auffray chante la défense de la planète Terre…

# LES STARS DE LA MÉTÉO

Si les speakerines ont disparu du petit écran, les présentateurs de la météo n'ont jamais été aussi nombreux ni aussi populaires. Chaque chaîne a les siens et, si le temps est le même pour tout le monde, les styles varient. Jean-Claude Poirot, imitateur surdoué, fut l'étonnante doublure de Michel Cardoze. Étaient présents sur le plateau Laurent Cabrol, Alain Gillot-Pétré, Geneviève Laborde, Sophie Davant, Michel Touret, Évelyne Dhéliat, entre autres. Le soleil brilla sur *Stars 90* malgré leur interprétation en chœur du succès de Carlos *Señor Météo*...

**L'imitateur Jean-Claude Poirot en M. Météo...**

**Liane Foly, tête d'affiche au Casino de Paris pendant de longues semaines**

**Paulette Dubost et Micheline Presle, deux légendes du cinéma français**

**Michel Fugain et Alice Donna**

**Fugain et sa bande**

Et tout se
termina
par une valse

L'école de la chanson d'Alice Donna

Les présentateurs
de la météo
de toutes les chaînes
interprètent
en chœur
la chanson
de Carlos :
*Señor Météo*

# POIRET L'IRREMPLAÇABLE

Parmi les acteurs français qui ont le plus apporté à la télévision, Jean Poiret mérite une place de choix. J'ai encore dans l'oreille nos éclats de rire. Si l'humour devait s'apprendre, Jean Poiret devrait être enseigné dans les écoles. Grâce à lui, j'ai appris le sang-froid et l'improvisation. Doué d'un sens de la repartie peu commun, cet homme anxieux et inquiet avait l'art de vous maintenir sous pression sans jamais vous laisser le temps de réfléchir. Préparer une émission avec lui demandait quelques minutes de conversation téléphonique et quelques notes rapidement écrites une heure avant l'antenne. Poiret était passé maître dans l'art de vous déstabiliser, vous transformant en clown blanc, vous forçant à rebondir, toujours plus haut, toujours plus vite. Je n'ai jamais pu garder mon sérieux aux côtés de cet acteur de génie, qui était aussi un grand auteur. Jamais une émission coprésentée par Jean Poiret n'était terne ou banale. Sa dernière apparition, aux côtés de Miss France, fut un régal. J'aurais tant voulu voir Poiret et Serrault remonter sur les planches. Ce projet était dans l'air. Le destin, si souvent injuste, en aura décidé autrement. Il m'arrive parfois de revoir certaines de mes émissions. Celles qui sont consacrées à Jean Poiret me font toujours autant rire, comme si je les découvrais pour la première fois.

On ne résiste pas à Jean Poiret. N'est-ce pas, Julien Clerc ?

Les Miss, soumises à rude épreuve par Poiret

Philippe Bouvard et ses anciens pensionnaires du

# WE LOVE LOVA

Elle fut la star du célèbre cabaret de l'avenue George V à Paris, le Crazy. Réussir sa reconversion lorsqu'on a été une reine de la nuit n'était pas une tâche facile. Avec beaucoup d'humour et de gentillesse, cette blonde pulpeuse originaire du Limousin a réussi à faire oublier sa carrière de danseuse de charme. En quelques années – et en quelques tubes – Lova Moor est devenue le chouchou des téléspectateurs, parvenant – et c'est une performance – à être aimée autant des téléspectateurs que de leurs épouses. Acceptant de bonne grâce son statut de sex-symbol des années quatre-vingt-dix, Lova Moor est toujours la bienvenue sur notre plateau... D'autant que chacun de ses passages provoque systématiquement une spectaculaire poussée de fièvre de notre Audimat !

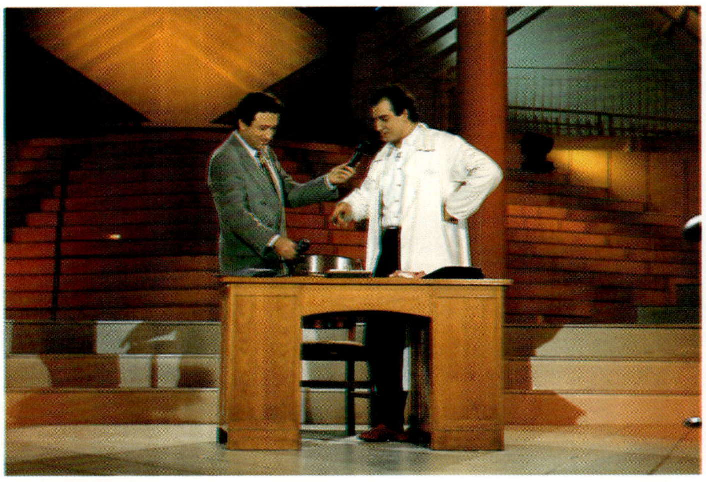

**Bud a abandonné la médecine pour devenir « comique »**

**Pierre Bellemare et Linda de Suza**

**Roger Hanin et Alexandre Arcady, réalisateur du film *Pour Sacha*, dont Richard Berry était l'interprète principal**

**Le groupe Adama**

Lova Moor, provocante
et charmante à la fois

Philippe Pujol,
recordman
du cri de Tarzan,
est une star...
au Japon !

Lelasseux, sa chanson *Daladirladada* a été un tube dans les années soixante,
de devenir le thème musical du film *Les Bronzés*

Linda de Suza

Au milieu de toute l'équipe, notre ami Thierry Malaterre, ce magicien de la lumière, qui nous a quittés. Il révolutionna la façon d'éclairer les émissions de divertissement. Nous pensons souvent à lui

# POISSON D'AVRIL !

L'équipe de *Stars 90* – une des plus jeunes d'esprit du paysage audiovisuel français ! – avait bien préparé son coup. Mettre au point pendant de longues semaines une surprise musicale pour le 1er avril, sans que je puisse à aucun moment flairer le poisson, est une authentique performance, quand on connaît ma curiosité quasi maladive. Le secret avait été bien gardé. L'enregistrement de la chanson gag aussi. Mon assistant, Éric, comme par hasard, m'avait organisé à l'autre bout de Paris un rendez-vous bidon pour pouvoir en toute tranquillité répéter et enregistrer une chanson pleine d'humour, où le public découvrait le rôle de chacun dans l'émission. Imaginez ma tête (voir photos !) quand je vis l'équipe au grand complet apparaître sur l'écran et s'adresser à moi en chantant... Depuis ce jour mémorable, je vois arriver les mois d'avril avec un peu d'appréhension.

De l'étonnement à l'éclat de rire,
le poisson d'avril a bien fonctionné...

# LES RETROUVAILLES DU SPLENDID

Ils n'avaient plus été réunis depuis leurs films *Le Père Noël est une ordure*, *Papy fait de la résistance* et *Les Bronzés*. Le cinéma de comédie tourna une page dans les années soixante-dix avec l'arrivée de Christian Clavier, Martin Lamotte, Thierry Lhermitte, Gérard Jugnot, Marie-Anne Chazel, Anémone, Josiane Balasko et Bruno Moynot. Bref, une nouvelle génération d'auteurs et de comédiens surdoués qui en quelques années sont tous devenus des têtes d'affiche. Christian Clavier, après le succès du film *Les Visiteurs*, est désormais considéré comme le successeur de Louis de Funès ; Thierry Lhermitte, le séducteur à l'œil bleu, tourne film sur film ; Martin Lamotte triomphe au théâtre ; Gérard Jugnot a prouvé avec *Une époque formidable* qu'il était non seulement un grand acteur mais également un metteur en scène de talent. Ils n'ont pas fini de nous faire rire.

**Stéphanie de Monaco, une de ses dernières apparitions sur scène avant d'interpréter un nouveau rôle : celui de maman...**

Jeanne Mas, une chorégraphie et une ambiance toujours renouvelées

Charlotte de Turckeim : sa mère a été l'inspiratrice de son one-woman-show triomphal

Thierry Lhermitte venu présenter son premier film auquel ont participé tous ses copains du Splendid : Christian Clavier, Martin Lamotte, Gérard Jugnot, Bruno Moynot, quelques-uns des protagonistes du fameux film *Le Père Noël est une ordure*

# LES SOLDATS DU GOLFE

La spécificité et l'organisation du pavillon Baltard permettent l'accueil non seulement d'un public très nombreux, mais surtout, dans certaines émissions, de plusieurs centaines d'invités, sur un plateau gigantesque (600 m$^2$). Quelques semaines à peine après la fin de la guerre du Golfe, nous eûmes l'audace d'imaginer que tous les responsables de la division Daguet pourraient être réunis le même soir à la télévision. Après de très longues négociations avec le ministère de la Défense, nous eûmes le feu vert. Le résultat fut impressionnant. Plus de trois cents militaires français, représentant les trois armes, air, terre, marine, sans oublier le personnel de santé, étaient au garde-à-vous à 20 h 30 le soir de l'enregistrement. Menés « à la baguette » par notre collaboratrice Brigitte Neel qui régla le défilé, ils acceptèrent de bon cœur, tous grades confondus, de répéter le matin même. Un souvenir inoubliable. La division féminine de l'équipe de *Stars 90* fit rapidement oublier à ces hommes l'épreuve difficile qu'ils venaient de traverser dans les sables du Moyen-Orient.

Le professeur Cabrol est venu ce soir là présenter son livre de mémoires dans lequel il raconte ses greffes du cœur

Richard Bohringer et Bernard Giraudeau parlent de leur film *La reine blanche*

Les services de santé, qui comptent de nombreuses femmes, jouent un rôle capital dans tous les conflits

Les officiers de la division Daguet racontent ce que fut la guerre du Golfe

Jean Carmet porta souvent l'uniforme à l'écran

# ALAIN DELON CÉLÈBRE LES 40 ANS DU CRAZY

La présence d'Alain Delon sur un plateau de télévision est toujours un événement exceptionnel. Son parcours de star fascine les uns, déconcerte les autres, mais ne laisse personne indifférent. Le héros de Visconti et de René Clément, le gangster de Jean-Pierre Melville et de *Borsalino* exerce depuis plus de trente ans un charme irrésistible auprès des femmes du monde entier. Delon au milieu des danseuses du Crazy, c'était une évidence à l'occasion du quarantième anniversaire du célébrissime cabaret d'Alain Bernardin. Guidé par Lova Moor, ex-pensionnaire devenue Mme Bernardin, ce *Stars 90* fut sans aucun doute le plus sexy de la série !

Rita Cadillac fut la première « effeuilleuse » à devenir star

Des filles
qui font rêver

Il y a des soirs où il est bien difficile de faire croire que notre métier est fait de contrainte et de discipline ; et pour nos épouses de compréhension et d'indulgence !
Lova Moor gardera de cette soirée un petit souvenir à la lèvre !

# GUY BEDOS

Salut Guy ! Nous nous connaissons depuis vingt-cinq ans. Deux fois par an en moyenne, nous rions ensemble sur les plateaux d'une certaine télévision que nous défendons tous les deux. A chaque fois, nous nous demandons ce que nous allons pouvoir inventer pour renouveler notre duo. Et pourtant, nos rendez-vous ne sont jamais les mêmes. Beaucoup de tes confrères, un peu jaloux, se demandent pourquoi, cher Guy, je t'invite si souvent. Je leur réponds tout simplement que ta présence a toujours contribué au succès de mes émissions. Ce qui les vexe davantage. Je pourrais aussi leur avouer que je t'aime mais, par les temps qui courent, tu imagines les titres de la presse à scandale. Ou bien que ma coproductrice, Françoise Coquet, est amoureuse de toi. Ce qui est une évidence. En feuilletant ce livre, tu constateras qu'on te retrouve très souvent au cours de ces trois années de *Stars 90*. Ce qui ajoutera au courroux de tes concurrents. Je suis certain que ces photos ranimeront chez toi d'excellents souvenirs. Salut Guy ! Je compte sur toi pour la prochaine saison. Mon smoking est déjà prêt.

**Bedos en liberté : tout est possible !**

**Vanessa Paradis, une star pour longtemps**

Charlebois,
le charme du Québec

Les Vagabonds,
parfaits ambassadeurs
des années soixante

Jean-Jacques
Goldman,
un de ses rares
passages à la télé

Le trio Fredericks
Goldman, Jones

# PHILIPPE BOUVARD

Je connais Philippe Bouvard depuis près de trente ans. Nous devons tous les deux notre carrière à une grande productrice, Michèle Arnaud. Autre point commun, un parcours d'autodidacte. Ce petit bonhomme au regard malicieux m'a toujours fasciné parce qu'il est l'exemple même de la polyvalence et de l'éclectisme. Du *Figaro* de Pierre Brisson, où il débuta comme coursier, aux *Grosses Têtes* sur TF1, son itinéraire est impressionnant par la somme d'activités accumulées. L'organisation de ce bourreau d'activités lui permet d'exercer chaque jour plusieurs métiers très différents. Ce qui suppose une vivacité intellectuelle stupéfiante et une résistance physique hors du commun. Pour beaucoup d'entre nous, Philippe est avant tout un homme de plume ; pour des millions de Français, et en particulier pour les auditeurs de RTL, il est depuis vingt ans l'homme des *Grosses Têtes*, une véritable institution dans l'histoire de la radio. Après avoir lancé, dans son « Petit Théâtre », les Inconnus, Muriel Robin, les Filles, Laspalès et Chevallier, Philippe Bouvard fit de Philippe Castelli, Isabelle Mergault, Guy Montagné, Bernard Mabille et Claude Sarraute des stars à part entière). Depuis deux ans, les *Grosses Têtes* sont devenues une fois par mois une des émissions phares de TF1. Une réussite qui me ravit d'autant plus que cette aventure est née sur le plateau de *Stars 90*. Depuis plusieurs années, Philippe Bouvard cherchait à adapter son émission de radio à la télé. L'expérience tentée à Baltard fut si concluante qu'elle devint très vite un rendez-vous mensuel, le samedi à 20 h 30 sur TF1. La deuxième carrière des *Grosses Têtes* commençait.

**Patrick Sébastien, complice de Philippe Bouvard, il est depuis longtemps un des piliers des *Grosses Têtes*. N'est-il pas un ancien joueur de rugby ?**

**Castelli racontant une histoire que personne ne comprendra !**

**Les grands débuts des *Grosses Têtes* sur TF1. La suite sera triomphale, le samedi soir, une fois par mois**

**Bernard Mabille à l'enterrement de Philippe Castelli, surnommé « le Débris » par Philippe Bouvard**

Claude Luther

Régis Laspalès et Philippe Chevallier : deux habitués de notre plateau

Claude Luther et Christian Morin, le jazz New Orleans à l'honneur

François Feldman

Jean-Pierre Foucault, interviewer interviewé !

Alice Donna et ses élèves du cours Alice Donna

Jean-Luc Lahaye Sophie Marceau, une de ses rares apparitions à la télé Florent Pagny

# COUCOU C'EST LUI !

Inviter un confrère, compagnon de chaîne est toujours un plaisir. L'exercice de l'interviewer interviewé ne manque pourtant pas de risques. Quand il s'agit de Christophe Dechavanne, c'est l'assurance d'une séquence « speed » et drôle. Dans le rôle de l'invité, c'est Christophe qui fut, comme moi d'ailleurs, agréablement troublé par la présence d'un essaim de jolies filles venues présenter un défilé de lingerie coquine. J'en oubliais presque d'évoquer son actualité : la sortie de son premier livre.

Roland Magdane, de retour après un long exil américain

Michèle Bernier, Mimie Mathy et Isabelle de Botton nous racontent leurs vacances. Elles furent souvent présentes sur notre plateau au cours de ces trois années. Elles font maintenant route séparée, à notre grand regret

Philippe Lavil

Adeline Hallyday, chanteuse de charme...

Carlos, un brillant hommage à Dario Moréno

Difficile de garder son sérieux aux côtés de Pierre Palmade. Bernard Montiel a beaucoup de mérite

Pierre Palmade, l'auteur le plus doué de sa génération, vient de faire ses grands débuts au théâtre aux côtés de Dominique Lavanant, dans une pièce qu'il a écrite sur mesure

# JANE BIRKIN

## l'émotion

Ce lundi 9 septembre 1991, Jane Birkin acceptait de revenir devant les caméras presque un an après la disparition de Serge Gainsbourg. Accablée par le destin, elle venait de vivre une des périodes les plus pénibles de sa vie, son père ainsi que son partenaire de théâtre Pierre Dux ayant disparu quelques mois après Serge. Exceptionnellement, nous lui avions proposé d'enregistrer sans public, la veille de l'émission. En effet – et on la comprend –, elle ne se sentait pas encore prête à des retrouvailles directes avec le public. Après avoir chanté *Je suis venue te dire que je m'en vais*, avec la fébrilité qu'on imagine, Jane rendit un hommage poignant à Pierre Dux. Peu de temps après, elle entreprit une longue tournée, une manière de remercier les millions de fans de Serge qui, à travers elle, retrouvèrent ses superbes chansons.

Mylène Farmer

Michel Serrault et Jeanne Moreau : deux monstres sacrés. Un événement

Jackie Sardou et le clan des veuves

À droite :
Jane Birkin, son retour à la télévision après la disparition de Serge Gainsbourg. Son portrait, réalisé dans le cadre de *Ciné Stars*, fut l'un des plus émouvants

Luc Besson et l'équipe technique de son film *Atlantis*

Mylène Farmer assista au tournage du film de Luc Besson sur la banquise

# LA FOLIE DES PIN'S

La folie des pin's qui déferla sur la France en 1990 n'épargna pas *Stars 90*. Avec la complicité de notre ami Frank, maître d'hôtel de l'Espace Cardin et expert en la matière, nous avons ce soir-là pu réunir la plus belle collection du monde...

**Jackie Sardou et M. Arthus-Bertrand, célèbre fabricant de pin's haut de gamme**

**A droite :**
**Une des vestes recouvertes de pin's de notre ami Frank. Un collectionneur américain lui en proposa 500 000 F. Il se la fit dérober peu de temps après l'émission**

killy

# 23 SEPTEMBRE 1991
# LES VEDETTES DE LA RENTRÉE

Pour ce *Stars 90* de début de saison, nous avions choisi de passer en revue l'actualité artistique de l'automne : Line Renaud et Véronique Jannot pour la pièce *Pleins Feux*, où Line s'affirmait comme une vraie comédienne de théâtre ; Jil Caplan en Vivien Leigh de *Autant en emporte le vent* coiffée par un grand artiste, Jean-Marc Maniatis ; Régis Laspalès et Philippe Chevallier, deux grands duettistes têtes d'affiche depuis dix ans ; David Hallyday sur la route du succès ; le retour du Grand Orchestre du Splendid ; et enfin les rappeurs du groupe Benny B.

**Véronique Jannot et Line Renaud au théâtre dans *Pleins Feux***

**Jil Caplan**

David
Hallyday

Hommage dansé à
*Autant en emporte le vent*

Le Grand
Orchestre
du Splendid

il Caplan,
Scarlett O'Hara d'un soir,
coiffée par Jean-Marc
Maniatis

Régis Laspalès et Philippe Chevallier

Les rappeurs Benny B

# ROBERT HOSSEIN

## L'histoire d'une passion

Robert Hossein est depuis près de vingt ans l'homme des grandes fresques historiques au théâtre. Le Palais des Sports est son jardin et, depuis *Les Misérables*, il n'a jamais cessé de surprendre et de fasciner les foules par sa manière si particulière et si moderne de faire revivre l'histoire. Avec son complice de toujours, Alain Decaux, il mit en scène une surprenante vie de Jésus, dont il nous fit la primeur et qui a depuis traversé l'Atlantique avec succès, dix ans avant l'arrivée des *Misérables* à Broadway. Hossein est un passionné qui sait transmettre à ses comédiens et à son public sa foi et sa folie créatrice. Pour son dernier spectacle, *Marie-Antoinette*, le public est confronté chaque soir à un cas de conscience : faut-il ou non exécuter la reine ?
On attend d'ores et déjà avec impatience le retour d'*Angélique*, marquise des Anges, qui sera le thème de son prochain spectacle ; on se souvient de sa carrière mémorable à l'écran.

Alain Decaux et Robert Hossein, tous deux à l'origine d'un des spectacles les plus originaux de ces dernières années : *Jésus était son nom*

William Sheller

Sarah Mandiano

Gérard Jugnot

Gérard Jugnot et Pierre Arditi présentent le film *Les Clefs du Paradis*

Les « Filles » montrent à la France entière l'itinéraire de leur dernière tournée avant leurs adieux

Les Zouk Machine

Les Zouk et Michel Leeb

Christian Morin et Michel Leeb, une passion commune : le jazz

A gauche :
Roch Voisine, il est devenu une star internationale et commence une carrière de comédien à Hollywood

# JEAN-CLAUDE BRIALY ET FRÉDÉRIC MITTERRAND

## Le même amour des stars

Présenter une émission de divertissement à la télé est un vrai métier qui demande beaucoup de temps et d'expérience. Les parcours de la plupart des présentateurs que vous connaissez ont été parfois sinueux. Certains viennent du music-hall et d'autres, plus traditionnellement, du journalisme, de la radio ou de la presse écrite. Deux d'entre eux, Jean-Claude Brialy et Frédéric Mitterrand, sont des exceptions. Ils ont une passion commune, le cinéma, et une admiration sans bornes pour les stars qui depuis toujours les ont fait rêver. Ils possèdent l'un et l'autre ces deux qualités rares, une élégance naturelle et une culture leur permettant d'aborder tous les genres avec le même bonheur. Jean-Claude Brialy n'est pas seulement l'acteur que vous aimez, il est également le Monsieur Loyal de toutes les manifestations les plus prestigieuses. Homme de radio et de télévision, il est en outre un directeur de théâtre qui sait choisir ses pièces sans se tromper. Animateur des festivals d'Anjou et de Ramatuelle, il est l'artiste le plus complet de sa catégorie. Frédéric Mitterrand, lui, est le digne successeur d'un maître du genre dont j'ai beaucoup appris, François Chalais. Après deux ans d'absence, le neveu le plus célèbre de France revient à la télévision avec *C'est votre vie*, une émission qui lui va à merveille, lui permettant de montrer qu'il n'est pas seulement l'homme des étoiles du passé. J'éprouve toujours un réel bonheur à recevoir Jean-Claude Brialy et Frédéric Mitterrand. Nous partageons tous les trois la même passion : les stars.

Marie Gillain et Patrick Meel, partenaires de Gérard Depardieu dans le film *Mon père ce héros*

Le prestidigitateur Gilles Auth

Les *Grosses Têtes* de Philippe Bouvard : Philippe Castelli, Évelyne Leclerc, Patrick Sébastien, Sim, Brigitte Lahaye et Guy Montagné

Anaïs

Christophe Deschamps, l'ex-batteur de Patrick Bruel

Thierry Hazard

Yves Duteil

# MON AMI JEAN FERRAT

Je connais Jean Ferrat depuis vingt-cinq ans. J'ai pour l'auteur une admiration sans bornes et pour l'homme un profond respect. Ferrat est un des derniers monstres sacrés d'une espèce en voie de disparition. Il y a plus de vingt ans, ce poète original a quitté les brumes du show-biz pour la clarté des torrents ardéchois. Loin du tumulte et des modes, il s'est retiré sur la pointe des pieds et, tel un artisan, travaille lentement ses chansons, comme un ébéniste travaille le bois. Il aura fallu plus de cinq ans pour que Ferrat se décide à réapparaître avec un nouvel album. Son retour à la télévision - et sur TF1 - fut un événement considérable. Il nous offrit dix chansons nouvelles dont certaines d'une actualité brûlante, preuve que, dans son Ardèche lointaine, il n'avait rien perdu de son sens critique. Son vieux complice Bedos accepta de venir mettre de l'huile sur le feu. Résultat, l'émission fut drôle, dérangeante et d'une rare efficacité. Douze millions de spectateurs... Le record de l'émission. La jeune génération chanta Ferrat avec bonheur et originalité. Quant à Estelle, la fille de Jean Ferrat et de Christine Sèvres, elle réserva à son père la plus belle des surprises, en lisant avec une bouleversante fragilité un texte d'Aragon. Merci à toi, cher Jean, de nous avoir fait confiance.
A dans cinq ans pour le prochain album.

Pour la première fois devant les caméras, Estelle face à son père

Pauline Esther chante Aragon et Ferrat

Bedos, Ferrat, une certaine filiation

Les Forbans, Pauline Esther et Phil Barney chantent Ferrat

Valérie-Anne Giscard d'Estaing
vient présenter la nouvelle édit
de son fameux *Livre des inven*

# LE TRIOMPHE DE L'ÉCURIE WILLIAMS-RENAULT

Mon passé de reporter sportif me collant à la peau, je ne pouvais rater l'occasion de braquer les projecteurs sur les champions de haut niveau. Ce soir-là, c'était l'écurie Williams-Renault qui était à l'honneur, à l'occasion de son premier titre de champion du monde des constructeurs. Les techniciens de la SFP furent encore une fois à la hauteur de leur réputation, réussissant à faire rouler sur le plateau cinq F1 de rêve ayant marqué l'histoire de Renault Sport. L'équipe de Frank Williams était là au grand complet, avec la présence exceptionnelle de Ricardo Patrese et, en duplex des États-Unis, le champion du monde en titre Nigel Mansell. Mais la vraie star de l'émission fut sans conteste le bouleversant Frank Williams, gravement accidenté il y a plus de quinze ans sur une route du Midi de la France et qui continue depuis à diriger son équipe avec un courage qui force l'admiration. Deux ans après cette émission, il devait décrocher un nouveau titre avec cette fois Alain Prost comme champion du monde. Ce qui nous vaudra en 1993 un autre *Stars 90* consacré aux pilotes et à leurs épouses. Avec un coprésentateur inhabituel... Alain Prost.

Diego Modéna et Jean-Philippe Odin

Chantal Gallia et Valérie-Anne Giscard d'Estaing

Le retour de Patrick Juvet après de longues années d'absence

Michel Delpech

Isabelle Aubret

Lagaf'

Claudia Cardinale

Canon
elf
6
15
Renault elf
MICHELIN
FERODO
Renault

L'italien Ricardo Patrese, il quitta par la suite Renault pour Benetton

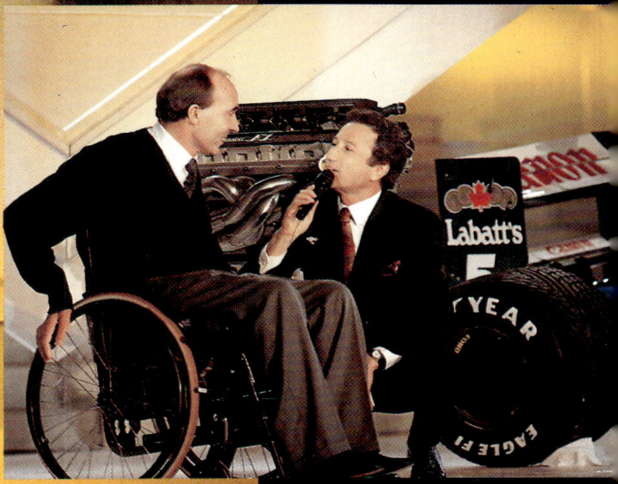


Frank Williams devant le moteur magique V10 de Renault, le moteur champion du monde

# MICHEL GALABRU

## l'invité idéal

Michel Galabru est probablement l'un des acteurs préférés des Français. Ce personnage tonitruant, au timbre de voix qui fait le bonheur des imitateurs, est d'une drôlerie ! Une simple conversation, quel qu'en soit le thème, devient très vite un véritable sketch. Les Français aiment le Galabru rigolard, l'adjudant Cruchot des *Gendarmes de Saint-Tropez* ou le prof des *Sous-doués*. Ce Cévenol rabelaisien a été – ne l'oublions pas – pensionnaire de la Comédie-Française et il est resté un magnifique interprète de Molière. Ce soir-là, il tenta de nous raconter l'intrigue de *Monsieur Amédée*, la pièce qu'il joua avec succès pendant deux ans à Paris. Je suis certain que beaucoup de téléspectateurs n'ayant pas vu la pièce se demandent encore aujourd'hui quel en était le thème. Pour ma part, je ne me souviens que de nos éclats de rire...

**Jean Roucas et Patrick Sébastien imitant Julien Clerc en présence de l'original...**

Jean-Michel Jarre

Bernard Lavilliers

Catherine Lara et les Romantiques

# JEAN-CLAUDE KILLY ET JACQUELINE MAILLAN

deux médailles d'or

Six mois avant les jeux Olympiques d'Albertville, j'avais souhaité consacrer une émission spéciale à cet événement exceptionnel. Une fois encore, je ne résistai pas au désir de faire revivre quelques-uns de mes plus beaux souvenirs de journaliste. C'était à Grenoble en février 1968. Devant le monde entier, qui recevait pour la première fois par satellite la retransmission des jeux Olympiques d'hiver, un jeune douanier de vingt-quatre ans, Jean-Claude Killy, raflait quatre médailles d'or et entrait de plain-pied dans la légende olympique. Vingt-quatre ans plus tard, Killy, devenu l'ambassadeur du ski français dans le monde, comptait pour beaucoup dans la décision d'attribution des Jeux à la Savoie. Sa présence comme grand témoin de cette émission était tout un symbole. Il fut comme toujours parfait dans le rôle de coprésentateur. Huit mois plus tard, aux côtés de Michel Barnier, il recevait une nouvelle médaille d'or, celle de la parfaite organisation des Jeux, qui firent de la Savoie le centre du monde pendant deux semaines.

**Merci Jacqueline**
Émouvante photo que celle de Jacqueline Maillan acceptant de bonne grâce de jouer les hockeyeuses avec pour professeur un spécialiste venu du froid, le Québécois Roch Voisine, ancien professionnel. Aux côtés de Thierry Lhermitte, fin skieur, et de Jean-Claude Killy, « La » Maillan fut une fois encore irrésistible de drôlerie. Nous garderons le souvenir d'une grande actrice dont le style éblouissant a dynamisé le théâtre de boulevard pendant trente ans. On comprend que le jeune Pierre Palmade voulu lui écrire un spectacle sur mesure, *Pièce montée*, sa dernière apparition sur scène. Maritie Carpentier, à qui l'on doit les plus belles heures des variétés télévisées, lui a d'ailleurs consacré un livre drôle et émouvant *La Maillan racontée par ses amis*

Ana, chanteuse du groupe espagnol Mecano, un an avant d'autres jeux, ceux de Barcelone

Baltard décoré aux couleurs d'Albertville

Albert de Monaco, membre du Comité olympique international et porte-drapeau de la principauté aux JO d'Albertville

Mylène Farmer

Autour de Jacqueline Maillan, Albert de Monaco, Jean-Claude Killy et Michel Barnier, député de la Savoie

# L'ÉMISSION DE TOUTES LES SURPRISES

Il y a des émissions sans thème particulier qui pourtant nous laissent un souvenir fort. Ce soir-là, avec dans le décor sa barque Sector, je recevais Gérard d'Aboville, que le monde entier avait vu quelques jours auparavant toucher enfin les côtes américaines dans la tempête, après avoir traversé l'océan Pacifique. Il était très amaigri par cet exploit hallucinant. Il nous fit visiter en détail sa coque de noix, en présence de sa famille. Un moment intense qui bouleversa l'homme de sport que je suis et qui émut également mes amis techniciens qui tinrent tous à s'allonger quelques secondes sur la couchette minuscule du Sector. Nous imaginâmes le calvaire que d'Aboville vécut quand sa barque chavira plus de trente fois dans les tempêtes entre le Japon et l'Amérique. Autre temps fort de cette émission, la présence d'un trio symbolique : Michel Boujenah, Smaïn et Guy Bedos. Avec en plus le charme de Danièle Darrieux et de Jacques François, deux grands serviteurs du théâtre.

Mylène Farmer

Boujenah, Smaïn, Bedos, trois rires de qualité

Gérard d'Aboville et sa famille

Jacques François et Danièle Darrieux

Danser avec Danièle Darrieux, j'attendais cet instant depuis si longtemps

Smaïn

Chantal Boujenah... Pardon, Chantal Gallia

La valse est ma danse préférée... Ma mère n'est-elle pas d'origine viennoise ?

Nilda
Fernandez

# JOHNNY HALLYDAY ET LES HARLEY

La télévision n'est pas l'exercice favori de Johnny. Son royaume, c'est la scène et les spectacles marathons. Pour motiver cette superstar, que l'interprétation de quelques chansons ne suffit pas à mettre en jambe, il faut à chaque fois trouver un angle qui le décontractera et le mettra de bonne humeur. Sa passion pour la moto étant légendaire, nous avons fait rêver l'idole en lui présentant une trentaine de motos parmi les plus belles du monde, avec une majorité de Harley Davidson, marque légendaire, la moto « rock » par excellence. Incollable sur le sujet, Johnny Hallyday présenta lui-même ces motos de rêve (il en a possédé tous les modèles). Encadré par la Compagnie motocycliste de Paris au grand complet, Johnny nous fit passer une soirée de rocker, m'obligeant à troquer mon costume de présentateur contre un jean, des santiags et un tee-shirt. Depuis, Johnny a fêté ses cinquante ans au Parc des Princes... au milieu d'une horde de Harley.

La Compag
motocycliste de Pa

Mon rêve...
Ma famille s'y oppose !
Je continue donc
la bicyclette...

Alain Lanty

MC Solaar

Une des plus belles fins d'émission : Johnny escorté par la Compagnie motocycliste de Paris. Sur ma Harley, je ne suis pas très rassuré

Johnny rencontre pour la première fois
la jeune étudiante auteur de *Tien An Men*,
une des chansons de son dernier album

Claude Nougaro

Michel remet à Johnny l'un des quinze coffrets de tête de l'édition *L'Histoire Harley Davidson*

Bernard Mabille, en rocker, rencontre l'idole de ses vingt ans…

# JOHNNY CASCADEUR

Parmi toutes les folies qui ont été réalisées dans ce studio si différent des autres, la cascade de Johnny, réglée par Rémy Julienne, le maître de la spécialité, donna le frisson aux spectateurs, mais aussi aux techniciens. Parti du sommet du promenoir faisant face au public, le chanteur s'élança en voiture et s'arrêta à quelques centimètres des spectateurs du premier rang. Façon de rendre hommage au métier de cascadeur dont Rémy Julienne est le roi. Nous lui devons les poursuites les plus périlleuses, les audaces les plus incroyables dans un bon millier de films et de spots publicitaires. Il est notamment à l'origine des meilleures cascades de la série des James Bond. Johnny fut un de ses brillants élèves dans le film *La Gamine* de Hervé Palud, metteur en scène également de la série *Lansky* où Johnny jouait d'ailleurs le rôle d'un policier se déplaçant en moto, cela va de soi !

Luc de la Rochelière

Enrico Macias

La troupe des *Misérables*, la comédie musicale d'Alain Boublil et Claude-Michel Schonberg

Catherine Lara, Véronique Sanson, duo des *Romantiques*

Johnny, cascadeur d'un soir

Daniel Prévost

Jean Carmet

Johnny et Rémy Julienne

Claude Brasseur, Miou-Miou, Odette Laure, Jean Carmet, venus présenter le film d'Yves Robert *Le Bal des casse-pieds*

Les vidéo-clowns, l'un des surprenants numéros de magie de *Stars 90*

# ASTROLOGUES ET VOYANTES

Depuis toujours, l'astrologie et la voyance fascinent le public. Après avoir été pendant de longues années des vedettes de la radio et de la presse écrite, les astrologues, voyants et médiums furent propulsés au firmament par la télé des années quatre-vingt-dix. Ils ont pour noms Élisabeth Tessier, Mme Soleil, Mariela Madonna, Mario de Sabato et Didier Derlich. Chacun dans son style et avec des méthodes différentes, ils tentent de prédire l'avenir du monde et de rassurer un public en proie au doute, plus inquiet que jamais de son futur. Leurs interventions s'accompagnent souvent de prévisions troublantes. Ce soir-là, le mage Mario de Sabato nous rappelait qu'il avait prédit cinq ans auparavant la chute du mur de Berlin et l'effondrement du bloc soviétique. Moment particulièrement drôle, le scepticisme amusé d'Eddy Mitchell face au portrait astrologique que fit de lui la charmante Élisabeth Tessier.

La troupe d'Euro Disney

La Belle
au bois dormant

Christine Waller
une nouvelle imitatrice
qui imite les hommes

Mariela Madonna,
voyante

allet de l'opéra de Kiev

tian Morin, Éric Lacœuille et Annie Pujol, le trio de *La Roue de la fortune*

de Sabato, sous l'œil intrigué de Maurane, nous livre ses grandes prédictions
la fin du siècle

Nevil,
es gloires légendaires
Nouvelle-Orléans

Martika, ex-choriste de Prince

Didier Derlich, l'astrologue attitré de *Sacrée Soirée*

Lavine Hudson, une Anglaise à Paris

Estelle Hallyday,
elle est devenue depuis
une des vedettes
de CANAL +

Indra, Suédoise volcanique

La baronne Nadine de Rotschild, dans un inoubliable cours de savoir-vivre. Elle fait toujours preuve d'un humour original et n'oublie jamais qu'elle fut elle aussi comédienne

LaToya Jackson,
aussi spectaculaire
que son frère

Le Québécois Jean Leloup

Joëlle Ursull et Kova Réa

Pascal Sevran, journaliste, romancier, chanteur. Depuis dix ans, il anime avec succès *La Chance aux chansons*

Chevallier et Laspalès

# PLACE AUX FEMMES

Au cours de ces dernières années, les femmes journalistes ont enfin obtenu le droit de cité à la télévision. Toutes les chaînes ont maintenant leurs journalistes féminines « stars ». Les réunir fut une performance, chacune étant présente sur sa chaîne à des horaires différents ! Le suspense dura donc jusqu'au dernier moment. Seraient-elles là le jour J à l'heure H ? Les quinze vedettes de l'info furent d'une remarquable ponctualité. Il est vrai que le journal télévisé n'attend pas. Autour de Claire Chazal, de Christine Ockrent et d'Anne Sinclair, toutes les chaînes furent représentées par leurs ambassadrices : Michèle Cotta, Laurence Piquet, Élise Lucet, Marie-Laure Augry, Béatrice Schonberg, Patricia Allémonière, Anne de Coudenove, Ruth Elkrief, Annie Lemoine, Geneviève Galey, Marine Jacquemin et Catherine Pouligny. Pour une fois, l'Audimat et la concurrence étaient oubliés, chacune étant ravie de retrouver ou de faire la connaissance de ses consœurs, unies dans la même passion pour leur métier.

**Maurice Jarre, le plus grand compositeur de musiques de films de l'histoire du cinéma : de *Lawrence d'Arabie* à *Paris brûle-t-il ?* de *Docteur Jivago* au *Cercle des poètes disparus*. Cinq oscars et un fils qui a réussi à se faire un prénom : Jean-Michel...**

**Alain Duvergne, le créateur des marionnettes du *Bébête Show* et des *Guignols de l'info***

**Avec mes confrères PPDA, Jean-Pierre Foucault et Patrick Sabatier**

**Axel Bauer**

**Yves Lecoq remplace Michael Jackson, retenu dans les embouteillages à l'entrée de Nogent**

Montserrat Caballe, une des dernières divas

François Feldman

Les femmes journalistes : (au 1er rang) Michèle Cotta, Anne Sinclair, Christine Ockrent, Claire Chazal, Marie-Laure Augry, Béatrice Schonberg, Patricia Allémonière. (au 2e rang) Anne de Coudenove, Laurence Piquet, Élise Lucet, Ruth Elkrief, Annie Lemoine, Geneviève Galey, Marine Jacquemin, Catherine Pouligny

Maurice Jarre dirige l'orchestre de Radio France qui interprète quelques-uns de ses plus grands succès

La postale de nuit – ou les facteurs du ciel. Chaque nuit, ces pilotes, parmi lesquels on remarque quelques femmes, sillonnent le ciel de France quel que soit le temps pour que votre courrier arrive à l'heure. Ce sont les derniers héros de la grande aventure de l'Aéropostale, dont le pionnier fut Saint-Exupéry...

# SARDOU L'INDÉMODABLE

Il y a vingt-cinq ans, la France découvrait un jeune homme au regard sombre, à la voix puissante : le fils de Fernand et de Jackie Sardou. Les débuts furent difficiles. Sardou ne l'a pas oublié. Et malgré ses cent millions de disques vendus et ses triomphes à Bercy, il a gardé l'inquiétude et l'anxiété de l'époque des *Bals populaires*. Michel mit des années à sourire et à montrer qu'il avait un humour à toute épreuve. C'est un immense chanteur et un auteur inspiré. J'aime son classicisme et sa façon de traverser les modes en restant lui-même. C'est un authentique chanteur populaire doté d'une voix magique : après un quart de siècle de succès ininterrompu, il a décidé de se remettre en question et de rejoindre la tribu des Sardou comédiens. Dans quelques mois, il va en effet faire ses débuts au théâtre. Ce sera un grand événement car, ce que le public ne sait pas encore, c'est qu'il est un excellent acteur. Il le fut à ses débuts. Le soir de la première, le « spectateur du premier rang » était alors son père Fernand.

**Comment refuser un disque d'or, surtout s'il est offert par les danseuses du Crazy ?**

**Les danseuses du Crazy**

**Michel Sardou devant l'affiche de son dernier spectacle à Bercy, qui attira plus de 230 000 spectateurs**

Michel Sardou
et Jean-Philippe Varin,
ces rapaces
sont des oiseaux dressés,
que vous avez vus
dans de nombreuses pubs...

La jeune génération
de chanteurs
offre à Michel Sardou
une nouvelle version
de *La Maladie d'amour*

Baltard
transformé
en volière

# BALTARD ON ICE

Fascinés, comme vous sans doute, par ce couple de patineurs canadiens d'origine française, nous voulions leur rendre un vibrant hommage pour réparer d'une certaine manière la sévérité dont les juges firent preuve envers eux, à plusieurs reprises cette année-là. Ayant abandonné la compétition après les Jeux d'Albertville, les Duschesnay venaient de décider de devenir professionnels lorsqu'ils acceptèrent notre invitation. Ayant rencontré un an avant un spécialiste des patinoires artificielles, nous décidâmes de leur faire la surprise de les accueillir sur une scène spécialement transformée. Les téléspectateurs furent sidérés lorsqu'ils virent Isabelle et Paul glissant avec élégance sur une matière qu'ils ne connaissaient pas – mélange de plastique et de silicone ! Avec une patience et un professionnalisme forçant le respect, ces champions avait répété longuement leurs figures, perturbés tous deux par cette surface inhabituelle. L'enregistrement s'était prolongé très tard, Isabelle et Paul souhaitant recommencer plusieurs fois leur prestation, prouvant si besoin était leur respect du public. Rétrospectivement cette émission rappelle en moi quelques frayeurs : j'avais en effet accepté bien imprudemment d'ouvrir ce show patins aux pieds, au bras d'Isabelle Duschesnay. Ce fut une grande première pour moi... et une dernière !

**Mme Odette Ventura poursuit le combat de Lino, son mari, en faveur de l'enfance inadaptée, à travers la Fondation Perce-Neige**

**Les Duschesnay de demain**

Michèle Torr, une arrivée en traîneau

En revoyant cette photo, mes courbatures se réveillent

Laetitia Hubert, grand espoir
du patinage artistique français

Ils ont marqué l'histoire du patinage artistique
par leur audace et leur imagination

# RENAUD
# UN AN AVANT GERMINAL

Pendant des années, j'ai cru que Renaud, comme d'autres auteurs compositeurs, préférait chanter plutôt qu'expliquer. Sa timidité maladive, qui le rend fébrile, voire fiévreux, sur un plateau de télé me touchait parce qu'elle me rappelait mes premières terreurs face aux caméras. En réalité, il n'a pas seulement la silhouette de Lucky Luke, il en a la dextérité et, quand il dégaine, Renaud fait mouche à tous les coups. Ce soir-là, après avoir chanté avec son style si particulier, il m'annonça du bout des lèvres, et presque en s'excusant, qu'il venait d'accepter le rôle de Lantier, le héros de *Germinal*, d'Émile Zola. Un an après, la France entière découvrait l'acteur Renaud et c'est un grand événement. Lors de son *Sept sur Sept* précédant la sortie du film de Claude Berri, il réussit l'exploit de renverser les rôles. C'est Anne Sinclair qui semblait étonnée par la force du discours de cet anar au cœur tendre. Comme tous les timides, Renaud a des révoltes qui transpercent comme l'éclair. Son discours sur les banlieues et sur les « Lantier » des mines d'Afrique du Sud fut d'une vérité implacable. En quelques minutes, la gouaille du chanteur des rues avait fait place à la gravité d'un citoyen responsable. La deuxième carrière de l'enfant de *Charlie-Hebdo* a commencé.

**Patrick Timsit, incisif et tendre à la fois**

**Elie et Dieudonné rencontrent Renaud**

**Fanny, une découverte de *Sacrée Soirée***

**Renaud et Lova Moor... mais oui !**

**Les stars de l'aérobic à Baltard**

TULLE CORREZE

# NOAH ET PAPIN

## La rencontre de deux géants

Yannick Noah et Jean-Pierre Papin ensemble sur un plateau de télé, voilà de quoi faire rêver le fan de tennis et de foot que je suis. Ces deux champions français sont de véritables stars dans le monde entier. Seul tennisman de couleur après Arthur Ashe qui le conseilla alors qu'il n'avait que treize ans, Yannick Noah fut probablement l'un des joueurs les plus spectaculaires du circuit pendant quinze ans, avant de faire sur notre plateau des débuts de chanteur prometteurs.

Jean-Pierre Papin, lui, après une brillantissime carrière à Marseille, est devenu un des joyaux du Milan AC, l'équipe de Silvio Berlusconi. Ce soir-là, Papin, qui venait d'arriver à Milan, m'offrit son maillot italien que je garde comme relique. Moment irrésistible de l'émission, l'indignation culinaire de Jean-Pierre Coffe accusant Jean-Pierre Papin de manquer de rigueur et de goût dans son alimentation (il avait commis l'imprudence d'avouer à Coffe qu'il aimait les pizzas !). Papin s'en souvient encore. Il continue pourtant de manger des pizzas et de marquer des buts !

Jean-Louis Murat, passionné de foot et grand admirateur de Jean-Pierre Papin

Lagaf' « survole l'émission

Alain Boublil et Claude-Michel Schonberg viennent évoquer le triomphe mondial de leur comédie musicale *Les Misérables*

Serge Lama et Jean-Louis Murat, fans de Papin et Noah

Serge Lama et Nicole Croisille, une complicité de toujours

Céline Dion, depuis, a conquis l'Amérique

Arielle Dombasle, « petite femme de Pigalle » pour Serge Lama

Papin « taclé » par Jean-Pierre Coffe. Lama arbitre !

# LA FOIRE DU TRÔNE

## sur les bords de la Marne...

La barbe à papa de la foire du Trône défie ce soir-là la frite de *Chez Gégenne* et le petit vin blanc des guinguettes. Ce fut l'occasion de renouveler le décor de l'émission et d'installer dans la cour du pavillon Baltard des manèges, des baraques foraines et un gigantesque orgue de Barbarie ; le cadre idéal pour une émission placée sous le signe de l'enfance. L'enregistrement fut particulièrement bruyant. Plusieurs dizaines de Nogentais préféreront venir faire la fête avec nous plutôt que de chercher en vain le sommeil !

**Étienne Daho**

**Un caricaturiste en herbe**

**Christophe Deschamps, l'ex-batteur de Patrick Bruel, est maintenant un chanteur à part entière**

**Guy Montagné, ambassadeur des *Grosses Têtes***

Chico et son nouveau groupe gitan

Pierre Perret, avant son retour au Casino de Paris

Les stars de l'accordéon de demain. La musette, chère à Nogent, n'avait pas été oubliée

Des enfants surdoués, futurs journalistes, hommes de télévision ou déjà stars de la pub !

Sacha Distel

Annie Cordy, pétillante et drôle

Albert Dupontel, un humour ravageur. Une découverte de Patrick Sébastien

# ELTON JOHN

## Le fidèle

Elton John est une star mondiale depuis vingt ans. Son timbre de voix et ses superbes chansons ont fait de lui une institution. Fidèle à nos émissions depuis toujours, Elton John aime le foot, la France, ses studios d'enregistrement, ses couturiers, les bijoux Cartier et les grands restaurants. Son dernier album, dont il nous faisait ce soir-là la primeur, a été enregistré à Paris. Son image fantasque ne l'empêche pas d'être particulièrement coopératif quand il se sent en confiance. Il y a quelques années, à la fin d'un *Champs-Élysées* resté dans toutes nos mémoires, il avait offert, après l'émission, au public du Pavillon Potel et Chabot, un mini-récital dont nous gardons un souvenir ému. Lors de son passage à Baltard, il évoqua également la mémoire de Michel Berger dont il avait été l'interprète. Nous attendons avec impatience la prochaine visite d'Elton John...

Mireille Darc eut droit à un parterre de roses.
Michel Berger et France Gall : leur dernière apparition ensemble à la télévision

# LES FEMMES DES HOMMES POLITIQUES

Parmi les soixante *Stars 90* réalisés à ce jour, celui consacré aux femmes des hommes politiques fut probablement le plus difficile à réaliser. Convaincre les épouses des principaux hommes politiques appartenant au gouvernement de l'époque de venir en public parler de leur vie et de leur époux ne fut pas une mince affaire. Plus de trois mois de négociations et de nombreux voyages en province furent nécessaires pour que, le jour venu, tout soit prêt. Gilberte Bérégovoy, l'épouse du Premier ministre, accepta la première. Après un très long entretien en compagnie de Françoise Coquet, à l'hôtel Matignon, elle nous donna son accord de principe. Le fait que l'émission soit enregistrée quelques jours avant sa diffusion fut un élément déterminant. Je garde un merveilleux souvenir de ce rendez-vous avec cette femme discrète et digne, dont la vie bascula un an plus tard dans la tragédie. Ce soir-là, aux côtés de Charles Trénet, son poète préféré, la femme du Premier ministre fut touchante par sa modestie. En quelques minutes, elle nous raconta le parcours de syndicaliste sincère de son époux, autodidacte d'origine ukrainienne, qui devint Premier ministre sans passer par la voie royale. La surprise de cette émission vint de la présence dans le public du Premier ministre en personne qui, couvrant sa femme d'un tendre regard, accepta de la rejoindre devant les caméras sous les acclamations d'un public conquis. A cet instant, des millions de Français découvrirent un couple uni qui leur ressemblait. Pierre Bérégovoy ne manqua pas d'humour et accepta volontiers le petit compliment fort bien troussé de Jean Roucas, qui abandonna l'espace de quelques minutes la marionnette du *Bébête Show*. Un magnifique moment de télévision où l'humour et le tact se mêlèrent aux chansons de Charles Trénet.

**Francis Lalanne, un troubadour à Baltard**

**Gilberte et Pierre Bérégovoy, le temps du bonheur**

**La danse toujours présente dans *Stars 90***

Femme de ministre, un sacerdoce

Jean Roucas, alias Mme Grinder

Charles Trénet et Jean Roucas, idoles des Bérégovoy, leur rendent un hommage inattendu

Le charme de Véronique Rivière

Les Vamps
et leur double
du musée Grévin,
pour leurs adieux
à la scène

# LES SOLDATS DU FEU

L'ambition d'une émission de variétés est aussi à nos yeux de mettre à l'honneur des hommes de courage et de dévouement. Chaque été, les pompiers du sud de la France ont à lutter contre le feu qui ravage des millions d'hectares de pinède dans l'arrière-pays et en Corse. Les marins-pompiers de Marseille forment un corps d'élite qui, depuis des années, lutte pour la vie en protégeant les populations et les habitations. A Marseille, l'alerte sonne chaque jour toutes les sept minutes. A Paris, les sapeurs-pompiers sont également mis très souvent à contribution : les 7 000 hommes implantés dans 81 casernes accomplissent 906 missions par jour, sans compter les 12 000 fausses alertes à déplorer chaque année. Les Pompiers de Paris sont également des athlètes d'exception. L'équipe spéciale de la Brigade des Sapeurs-Pompiers de Paris a connut ce soir-là un sort tout particulier. Son exhibition fut d'une haute tenue. La précision de sa prestation lui valut une ovation amplement méritée.

**Balutin, un de nos amis les plus fidèles**

**Robert Lamoureux et Jacques Balutin, les deux stars de la pièce *l'Amour foot*, le triomphe de l'année**

**Florent Pagny, voix d'or**

**Premier passage de l'humoriste Anne Roumanof à Stars 90**

**Un gymnaste amateur**

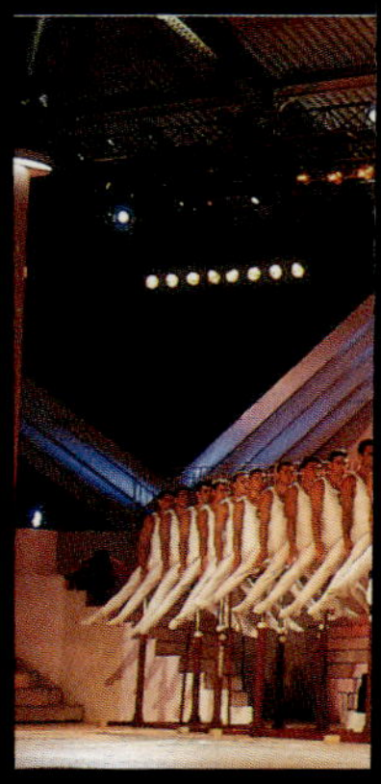

Philippe Lafontaine a fait appel à deux choriste danseurs surprenants : deux jumeaux belges de soixante-quinze ans, accompagnés de leurs épouses

L'équipe spéciale de gymnastique de la brigade des sapeurs-pompiers de Paris : les soldats du feu sont aussi des athlètes accompli

# LES GARDES DU CORPS

L'idée de traiter ce thème de façon spectaculaire nous était venue en voyant quelques semaines auparavant les gardes du corps de Pierre Bérégovoy venus repérer les lieux en prévision de la venue du Premier ministre au pavillon Baltard. Les décider à nous parler librement de leur métier ne fut pas chose facile. Cela nécessita l'appui efficace du Premier ministre lui-même, que j'eus de nombreuses fois au téléphone. Les gardes du corps présents sur le plateau appartenaient tous à la fameuse équipe de George Quéry, le chef du Service des voyages officiels et de la protection des hautes personnalités. Émission passionnante, qui permit de mettre en lumière pour la première fois le travail minutieux de ces hommes de l'ombre. Une séquence marqua plus particulièrement les téléspectateurs : l'entraînement et la méthode de travail de ces fonctionnaires de police chargés de risquer leur vie pour protéger celle des autres. Était également présent sur le plateau Roger Tessier, l'ancien garde du corps du général de Gaulle, une des figures familières des voyages officiels dans les années soixante. Lui-même appelé le Gorille, Roger Tessier avait surnommé affectueusement le Général le Vieux et Mme de Gaulle Tante Yvonne...

**Popeck**

**Deux fonctionnaires de police chargés de la protection rapprochée du Premier ministre**

**Roger Tessier, il a été le garde du corps du général de Gaulle**

**Le champion du monde de karaté, Jean Frênette**

**George Quéry, chef du fameux Service des voyages officiels et de la protection des hautes personnalités**

Valérie Lemercier,
dans un tango
pas comme les autres

Yves Lecoq

Le groupe
espagnol
Mecano

Les frères Taquin

# TOQUES EN STOCK

## sur un plateau

Les cuisiniers sont aussi des stars. Ils ont pour nom Pierre Troisgros, Guilaine Arabian, Joël Robuchon, Marc Haerberlin, Bernard Loiseau, Lionel Poilâne, Jean-Pierre Biffi et enfin, bien entendu, Paul Bocuse... Tous sont les ambassadeurs de la grande cuisine à l'étranger. Chacun d'eux nous proposa une recette originale qu'il présenta sur le plateau transformé en restaurant quatre étoiles. Au menu, mousse de pigeon, terrine d'anguilles au vert et à la crème de houblon, barckroffe aux truffes, terrine de lapin à la vinaigrette de lentilles, canette du Gers aux pics de caramel, soupe de courge servie dans sa courge... Tous ces plats furent préparés par les cuisiniers dans leurs restaurants et acheminés à Baltard par convoi spécial. Un des points culminants de l'émission fut la présence du célèbre Michel Montignac qui nous expliqua comment maigrir en faisant des repas d'affaires. Le lendemain de l'émission, Valérie, notre standardiste, fut submergée de demandes, de recettes de cuisine.

**Lagaf' en goûteur**

**Chaque cuisinier explique sa recette**

**Les Pow Wow**

**Bernard Mabille aux fourneaux**

**A droite : L'hommage d'un grand traiteur, Potel et Chabot**

Les stars de la cuisine

Sinead O'Connor
la mystérieuse

Didier Barbelivien et Anaïs,
les mariés de Vendée

M.C. Solaar

Christian Morin.
Ses talents sont multiples :
il est ce soir-là clarinettiste

Lagaf' dans son fameux sketch
*Oceanonox*

Jean-Jacques Debout nous présente Paul et Virginie.

# BEDOS-ROBIN

Ce fut, sans aucun doute, une de nos plus belles soirées. Quand la virtuosité d'un des maîtres du one-man-show épouse le talent de la plus drôle et de la plus émouvante des comédiennes de sa génération, le résultat est éblouissant. Quand l'ex-sociétaire du Petit Théâtre de Bouvard, devenue star en quelques années, arrive en valsant sur notre immense plateau, suivie d'un Bedos plus irrésistible que jamais, on mesure la performance de ceux qui sont seuls sur scène avec pour unique arme leur langage. Faire rire pendant deux heures plus de dix millions de spectateurs sur des thèmes aussi difficiles que la mort, la maladie, la vieillesse, la desillusion politique, la solitude, est une performance exceptionnelle qui aura marqué l'histoire du music-hall de ces dernières années. En unissant leurs sensibilités respectives, Bedos et Robin entamèrent une tournée triomphale en province qui aurait pu durer plusieurs saisons. Merci Guy, merci Muriel. A bientôt !

Muriel Robin sous le charme
de Paulette Dubost, dont
la silhouette n'a pas bougé depuis
l'âge de seize ans.
A quatre-vingt-deux ans,
elle porte toujours
les mêmes robes et son humour
n'a pas pris une ride

# LES PALACES DES STARS

Les stars du cinéma, de la chanson, de la politique, les grands de ce monde ne voyagent pas comme le commun des mortels. Pour se protéger des inconvénients de la célébrité, ils ont souvent pour habitude de séjourner dans des hôtels de luxe, appelés palaces. La France, pays du bon goût, possède quelques-uns de ces hôtels de rêve où il n'est pas rare de croiser Madonna, Sylvester Stallone, Michael Jackson, mais aussi les princes arabes et les têtes couronnées. Visiter ces hôtels luxueux est un privilège rare et difficile à obtenir, en raison de la discrétion qui entoure les visites toujours privées de ceux qui font la une de l'actualité internationale. Grâce à l'obligeance et à la compréhension des directeurs de palaces, une équipe de *Stars 90* a pu filmer les suites et les salons les plus chers du monde. De Paris à la Riviera en passant par les plages normandes, nos caméras purent entrouvrir les portes de ces lieux de légende. Les hommes aux clefs d'or se laissèrent même aller à quelques confidences : on apprit ainsi que Larry Hagman, le JR de Dallas, s'échappa de la lingerie du Plazza Athénée assiégée par ses fans, en se cachant dans un panier à linge. Que l'actrice Rebecca de Mornay, qui ne pratique l'équitation que la nuit, obtint de la direction d'un palace normand qu'on ouvre les écuries à trois heures du matin. Que ce même hôtel confectionna un lit sur mesure de 2,50 m de long pour le géant Clint Eastwood et n'hésita pas à assortir les papiers peints d'une suite aux yeux violets d'Elizabeth Taylor...

Pierre Palmade, sa première et unique nuit dans un palace fut très mouvementée

Jean-Claude Drondelle, patron d'Eden Roc, Christian Leprince, directeur du Carlton, et leurs hommes aux clefs d'or

Les hommes aux clefs d'or des hôtels Royal, Normandy, Ritz, Eden Roc, Carlton, Plazza et Crillon

Philippe Gazagne, directeur du Royal et du Normandy, et ses concierges

Les Bananarama, toujours entre deux palaces

Elsa n'a jamais oublié son séjour au Carlton lors de son premier festival de Can

Jeanne Mas, une des chanteuses fétiches de *Stars 90*

Evelyne Leclerc, chanteuse pour un soir

Le commissaire Moulin, Yves Régnier : un homme aux clefs d'or, peu physionomiste, le mit un soir dans l'embarras

Nathalie Baye, la défense de l'enfance malheureuse, c'est également son combat

# LES VOIX D'OR DE LA RADIO

C'est un des meilleurs souvenirs de l'équipe de *Stars 90* et aussi un des plus gros succès d'audience. Trente voix célèbres, toutes féminines, et dont certaines montraient leur visage pour la première fois. Toutes les stations de radio étaient représentées, de RTL à Europe 1, de France Inter à RMC, sans oublier les FM. Ce fut l'occasion pour Anne-Marie Peysson de retrouver Ménie Grégoire et Sophie Garel, trio gagnant de RTL. Ce fut également un bonheur de fêter Madame Soleil en présence de Maryse, Julie, Françoise Rivière, Anne Pérez, Vonnie, la fine équipe d'Europe 1. Éve Ruggieri et Macha Béranger défendirent les couleurs de France Inter et Adeline Hallyday celles de Radio Nostalgie. Beaucoup de ces femmes drôles et terriblement sympathiques ont fait également une carrière à la télé. Ce soir-là, la France entière écoutait la radio en regardant la télé ! La programmation musicale avait la couleur des hit-parades avec en tête Michel Sardou, Kim Wilde, Hélène et ses Garçons...

**Ménie Grégoire, Anne-Marie Peysson et Sophie Garel, la voix d'or de RTL**

**Adeline, elle est aussi animatrice de radio**

**Julie Bataille, une des voix les plus célèbres de France : celle de la bande-annonce de TF1**

**Germaine Soleil**

**Hélène et un de ses Garçons, Patrick Puydebat**

**Carole Chabrier, Danièle Gilbert et Marie-Laure Augry**

Kim Wilde

L'équipe d'*Hélène et les Garçons* au grand complet

# L'ÉLYSÉE

## comme si vous y étiez

Jacques Lanzman, dans son livre *L'Élysée comme si vous y étiez*, livre qui nous inspira cette émission, écrit : « Il est une maison au-dessus de toutes les autres, plus haute que le plus perché de nos châteaux forts, plus inaccessible que l'ultime refuge du mont Blanc... L'Élysée... » Hubert Védrine, secrétaire général de l'Élysée, et Christine Cottin, directrice de la communication du président, furent nos avocats en acceptant d'intervenir auprès du chef de l'État pour que les portes du « château » s'ouvrent à *Stars 90*. La mission était délicate. Comment montrer en quelques jours de tournage seulement la vie de ce lieu mythique ? Le réalisateur Marc Vaziaga, accompagné de François Debreuille et d'Éric Barbette, réussit le pari de filmer pour la première fois les temps forts de la vie de la première maison de France. Et ce, malgré les contraintes techniques que cela imposait. Premier impératif : ne pas gêner le président et son emploi du temps, et de façon plus générale la bonne marche de tout le personnel du palais. François Mitterrand coopéra au-delà de toutes nos espérances, sortant même parfois de son bureau pour nous demander si tout allait bien ! C'est ainsi que nous eûmes le privilège suprême de filmer les préparatifs du conseil des ministres. Une caméra fut même acceptée dans le bureau du président s'entretenant en tête-à-tête avec son Premier ministre, Pierre Bérégovoy, avant de gagner la salle du conseil des ministres à 10 heures précises. Rien ne nous fut caché, du petit déjeuner des membres du gouvernement au déjeuner du président, qui recevait ce jour-là le Premier ministre espagnol, Felipe Gonzales. Ce grand moment de télé fut proposé aux spectateurs de *Stars 90*. De nombreux artistes, dont Jane Manson, Nana Mouskouri, Julien Clerc et Gérard Lenorman, évoquèrent à leur tour leur première visite à l'Élysée. En toile de fond, Brigitte Neel, responsable des ballets, restitua l'ambiance d'un « Bal à l'Élysée ».

Roch Voisine

Quelques labradors, cousins de ceux du président

Le président et le Premier ministre sont là. Le conseil des ministres peut commencer

Une image rare : le président Mitterrand et son Premier ministre, Pierre Bérégovoy, en tête-à-tête, quelques minutes avant le début du conseil des ministres

Samantha Fox, abonnée aux disques d'or

**Jane Manson et les ballets de *Stars 90* : bal à l'Élysée !**

**Nana et sa meilleur imitatrice**

**Nana Mouskouri nous offre un pot-pourri de chansons de Noël**

**Gérard Lenorman interprète *Si j'étais président*, une chanson de circonstance**

# NOËL AVEC DOROTHÉE

Tous les producteurs d'émissions de divertissement vous le diront : une émission programmée pendant les fêtes de Noël n'est pas une émission comme les autres. Dorothée et les stars du *Bébête Show* correspondaient parfaitement à l'attente d'un public de réveillon. L'idole des enfants et les plus célèbres marionnettes de France s'acquittèrent parfaitement de leur tâche, aidées en cela par Salvatore Adamo. Cette émission recueillit un vif succès et termina l'année en beauté.

**Dorothée**

***Jean Roucas et « Langue de chèvre » : le triomphe d'un talent hors du commun... À chacun de ses passages à Stars 90, ce Marseillais bon teint nous a enchanté par la diversité de son talent. On ne dira jamais assez combien ce magicien de la voix a modifié le regard que nous avions sur les hommes politiques.***

**Salvatore Adamo, une amitié inaltérable depuis près de trente ans**

Un final comme nous les aimons

La galerie politique du *Bébête Show* avec ses pères

Maurice André, le plus grand trompettiste du monde, sous l'œil admiratif de Jean Roucas

Dorothée et sa troupe

Pour la première fois à visage découvert, les marionnettistes du *Bébête Show*, dont la performanc physique quotidienne est impressionnante

# ALAIN PROST

## La vie des pilotes de F1

Passionné de sport, je suis fasciné par la Formule 1 et son «univers impitoyable». Depuis longtemps, j'avais souhaité montrer au public ce que représente l'existence de ces hommes qui jouent leur vie à 300 km/h. Alain Prost était évidemment le mieux placé pour coprésenter ce *Stars 90* vrombissant. Ce triple champion du monde est le sportif français le plus connu sur terre. Il est également un excellent homme de communication. Ce n'est pas par hasard s'il fût consultant pour TF1 durant deux ans. Avec la maestria d'un pro de l'audiovisuel, ce champion d'exception nous présenta tous les pilotes français venus exceptionnellement en compagnie de leurs épouses. Avec, en prime, la présence de son coéquipier Damon Hill et de Frank Williams, le team-manager de la meilleure écurie du moment. Paul Belmondo, Thierry Boutsen, Eric Bernard, Bertrand Gachot, Olivier Grouillard, Philippe Streiff nous expliquèrent qu'appartenir au club très fermé des pilotes de F1 (ils ne sont qu'une vingtaine...) est une performance en soi, qu'ils ne pourraient accomplir sans la présence discrète d'épouses aux nerfs d'acier. Être la femme d'un pilote n'est pas une sinécure. A ma grande surprise, elles sont aussi motivées que leurs casse-cou de maris. Certaines d'entre elles assistent leur mari dans les stands, chronomètre en main, et pas une n'aurait l'idée de demander à son champion de ne pas disputer la course de trop. Le champion du monde en titre, Nigel Mansell, dont la compatriote Kim Wilde est l'ardente supporter, était là lui aussi aux côté de Roseanne, son épouse, au sang-froid très britannique. Les stars de l'émission furent aussi les voitures, dont la meilleure, la Williams-Renault, actuellement en tête du championnat du monde, arriva avec à son volant le champion du monde Alain Prost.

Jean-Louis Murat : Prost est son idole

Alain Prost devant sa première Renault

Alain Prost et Frank Williams nous présentent Damon Hill, le digne fils de Graham

Prost, un homme exceptionnel

Alain Prost entouré d'Eric Comas et de Paul et Louana Belmondo

Mylène Farmer demande à Prost s'il a peur de mourir

Mylène Farmer : elle est également championne dans sa catégorie

Frank Williams.
La F1 est toute sa vie

Autour de Jean-Claude Dassier,
l'équipe de T.... F1 !

Kim Wilde a suivi
le dernier grand prix du Japon
dans l'ombre de Nigel Mansell

Philippe Lavil,
pour lequel la F1
n'a pas de secret

Alain Prost
au volant
d'une voiture
de rêve

La photo de famille
de la F1. A droite,
une figure
de légende,
Guy Ligier

Patrick Sébastien,
le champion de la Une

CAMARGUE
CORSE

Alain Prost, Philippe Lavil et Patrick Sébastien.
Ils aiment aussi les jolies filles, surtout quand il s'agit de quarante finalistes de Miss France

Paul et Louana Belmondo

Philippe Streiff
a payé un lourd tribut à sa passion

Thierry Boutsen, Bertrand Gachot
et leurs épouses : les pilotes ont aussi bon goût

# LES STARS DU 20 HEURES

Réunir sur un même plateau trois générations de présentateurs du journal télévisé était un pari. Pourtant, tous et toutes étaient là. Trente visages ayant marqué l'histoire du journalisme télé, dont j'ai été le témoin privilégié dès 1964. Tous furent contents et étonnés de se retrouver et de se revoir à l'écran. Du vétéran Léon Zitrone à la benjamine Claire Chazal, trois époques bien différentes, de l'ORTF à TF1 privatisée. De La Cinq à CANAL +, deux d'entre eux ont déjà eu un destin exceptionnel : Étienne Mougeotte et Pierre Lescure. Les deux lieutenants de la bande à Desgraupes ont quitté l'antenne très tôt pour devenir les patrons de deux grandes réussites de l'audiovisuel européen. À leurs côtés, Christine Ockrent, première femme star du 20 heures. C'était aussi sous Pierre Desgraupes. Un symbole, un hommage aussi à un patron exemplaire qui vient de disparaître. J'étais bien sûr ému et heureux. Revoir Maurice Sévenot, Georges de Caunes, Michel Péricard, Jacques Sallebert... Interviewer Joseph Pasteur, Léon Zitrone, Raymond Marcillac, qui furent tous mes patrons, fut pour moi l'occasion d'un long flash-back. C'est avec eux que j'ai appris mon métier de journaliste. Regardez bien cette photo. Elle constitue la mémoire d'une certaine télé dont le père, Pierre Sabbagh, était malheureusement absent. Cette émission lui fut justement dédiée.

Autour de Julien Clerc - 1er rang de gauche à droite :
2e rang : Michel Péricaud, Guillaume Durand, Maurice Séven
3e rang : Jean Lanzi, Bernard Volker, Jean-Claude Bourret,

eorges de Caunes, Léon Zitrone, Pierre Lescure, Jean-Pierre Elkabach, Philippe Gildas, Claire Chazal, Christine Ockrent, Paul Amar, Bruno Masure
Raymond Marcillac, Jacques Sallebert, Jean-Claude Narcy, Claude Sérillon, Hervé Claude, Étienne Mougeotte, Joseph Pasteur, Henri Sannier, Dominique Bromberger
Georges Walter, Gilles Schneider, Daniel Bilalian

Jacob, soliste
du groupe Kassav,
Julien Clerc, Jean-Marie
Bigard, Richard Gotainer,
Philippe Lafontaine

Bernard Lavilliers, entre deux voyages

Elsa, toujours fidèle à *Stars 90*

# LES MÈRES DES COMIQUES

Cette émission est née de la question suivante : ceux qui nous font rire aujourd'hui étaient-ils déjà drôles quand ils étaient petits ? La réponse est unanime : oui ! Sur le plateau, toutes les stars du rire accompagnent leurs mamans : Patrick Sébastien, Yves Lecoq, Chantal Gallia, les Vamps, Michel Leeb et Charlotte de Turckeim. Avec, en guest-star, Jackie Sardou écoutant son fils Michel nous parler d'elle et de son mari Fernand avec humour et tendresse. A la fin de chaque interview, chaque fiston rejoignit sa maman... Cette émission très amusante fut l'occasion d'apprendre que Marcel Amont fut la première imitation de Chantal Gallia ; que Nicole, des Vamps, est titulaire d'un doctorat de mécanique des fluides ; que Dominique – Gisèle des Vamps – a été élève du très chic couvent des Oiseaux ; que Patrick Sébastien a passé son bac à dix-sept ans et s'était marié l'année précédente grâce à une dispense du président de la République ; qu'Yves Lecoq fut renvoyé de l'école pour avoir imité trop souvent ses profs ; que Michel Leeb commença sa carrière en imitant Mussolini ; et enfin que la maman de Charlotte de Turckeim n'est pas tout à fait d'accord avec la caricature qu'en fait sa fille dans ses spectacles.

Mme Avezard et Mme Delacoste, surprises d'être les mamans des Vamps !

Chantal Gallia, intimidée par sa mère qui fut professeur

Françoise de Turckeim, première fan de sa fille

Jackie Sardou. Son fils Michel est fier de son succ

Michel Leeb et Mafalda, sa mère : ils se souviennent de ses débuts sur scène

Charlotte de Turckeim : sa mère fut sa première source d'inspiration

Véronique Sanson, habillée par les lumières du directeur de la photo, Christophe Escande

Patrick Sébastien et Yves Lecoq, touchés par la présence inhabituelle de leurs mères sur un plateau de télévision

Ceux qui nous font rire et leurs mères : une vraie photo de famille

# LES PLUS BELLES FILLES DU MONDE

L'année 1993 aura été marquée par l'arrivée d'une nouvelle génération de stars : les top models. Aussi célèbres et parfois mieux payées que les artistes de cinéma, elles ont inondé la presse. Nous nous devions de leur consacrer une émission en choisissant de mettre en valeur les top de demain. Sous l'œil amusé de Heather, la fiancée de Yannick Noah, et de la superbe Karen Mulder défilèrent des jeunes filles de seize ans rêvant toutes de supplanter Cindy Crawford et Claudia Schiffer. En collaboration avec l'agence Élite, ce défilé somptueux fut magistralement commenté par un Michel Leeb au sommet de sa forme, dont le charme et l'humour firent merveille. Avec également en contrepoint la présence pour la première fois à la télévision des top models masculins, dont les sourires et la silhouette ne laissèrent pas insensible la délicieuse Carole Laure. Émission ponctuée par le charme des ambassadrices du carnaval de Nice.

**Marc Lavoine aurait pu être mannequin**

**Heather Thomas a fait toutes les couvertures de magazines**

**Un des passages toujours remarqués de Michel Fugain**

**Guy Montagné et sa femme Terry, une Américaine qui fut longtemps mannequin**

**Le carnaval de Nice mis en place par Brigitte Neel**

Michel Leeb sous le charme des top models

Les top models masculins sont aussi des stars

Les ambassadrices du carnaval de Nice

Baltard envoûté par les treize plus belles filles du monde

Les nouveaux espoirs de l'agence Élite

Michel Leeb arrive
au volant de cette magnifique
Triumph, directement du théatre Marigny où
il jouait *Je ne suis pas un homme facile*, de Neil Simon,
adapté par Jean-Loup Dabadie

Carole Laure, un physique de top model

Louis Chedid fut très sensible
au charme des top models

Le ballet exotique du carnaval de Nice se réchau
sous les projecteurs avant de défiler dehors sur le par
du pavillon Baltard… Nous sommes en févrie

Carnaval

# CLAUDE FRANÇOIS

Quinze ans après sa tragique disparition, Claude François n'a jamais été aussi présent. Ses tubes continuent de faire danser la France entière. Pour célébrer cette date anniversaire, son fils Claude souhaitait montrer la modernité du style de son illustre père. Ce fut l'occasion pour une dizaine de jeunes chanteurs qui ne l'ont pas connu de le chanter à leur manière. Toutes et tous furent à la hauteur de nos espérances. Les nouvelles versions des principaux succès de Clo-Clo se révélèrent aussi efficaces que les originaux. Magistralement réalisé par Jean-Pierre Spiero, cet hommage pas comme les autres restitua avec une étonnante fidélité la personnalité d'un artiste rare. Par la magie de l'électronique, Claude François nous fut rendu pour un soir tel qu'en lui-même, animateur, musicien et danseur hors pair, avec aussi une coprésentatrice saisissante de naturel et de vérité qui eut l'idée magique de réenregistrer un duo avec Claude, une chanson inoubliable, *À dix-sept ans*. Instant bouleversant, quand apparurent sur l'écran les visages du Claude François d'hier et de la Sheila d'aujourd'hui.

**La carrière de Claude François, homme de télé, défila sur les écrans géants de Baltard, mise en scène de façon originale par Jean-Pierre Spiero**

Dans un rôle nouveau de présentatrice, Sheila fut exceptionnelle. Elle évoqua avec humour et émotion sa complicité avec Claude François, avant de le retrouver en duo grâce à la magie de l'électronique

L'école des Clodettes de Priska, ex-danseuse de Claude, qui enseigne la danse sur les rythmes de ses anciens tubes

La plus jeune Clodette

Dorothée et les Musclés dans une version très personnelle de *Marche tout droit*

Dave chante *J'attendrai*

Frédéric François : *Je viens dîner ce soir*

Dany Briant : *C'est la même chanson*

Interview au milieu des mannequins
du couturier italien Gianni Versace

Jeanne Mas interprète la *Chanson pop*

Hélène – sans ses Garçons –
dans une nouvelle version
de *Dona Dona*

L'hommage des adolescents d'aujourd'hui au danseur Claude François

Personne ne reste insensible aux rythmes de Claude François

On danse *Cette année-là* comme en 1962, l'année des débuts de Clo-Clo

Indra : *Alexandrie Alexandra*

Michel Fugain évoque ses tournées avec Claude François

Le moment le plus émouvant de l'émission : Ludovic, le fils de Sheila, et Claude François junior se rencontrent pour la première fois. Claude aurait aimé cet instant

# LES FEMMES AU SERVICE DES AUTRES

Il y a en France des femmes qui ont choisi de mettre chaque minute de leur existence au service des autres. Leur vie est faite de dévouement et de tendresse. Elles sont assistantes maternelles, aides soignantes, infirmières, sages-femmes, psychomotriciennes, visiteuses de prison ou animatrices de Restos du Cœur. Marthe Libet, sage-femme, nous apprend qu'elle a pratiqué plus de cinq mille accouchements. Elle a soixante-quatorze ans et exerça le métier à partir de dix-huit ans : «mon mari a passé sa vie à m'attendre», dit-elle. Anne Spœry, surnommée Mama Daktari par les guerriers massaï d'Afrique de l'Ouest, soulage la douleur depuis quarante ans. A soixante-quatorze ans, cette Alsacienne pilote elle-même son avion qu'elle pose en pleine brousse. Ce Dr Schweitzer en jupon nous donne ce soir-là une bien belle leçon d'amour.

A soixante-quatorze ans, Mama Daktari sillonne l'Afrique au volant de son avion pour soigner les populations les plus reculées

Carmen Seisdedos, au Resto du Cœur de Toulouse, poursuit l'œuvre de Coluche

Denise Brigout, major de l'Armée du Salut. Son problème : un abri pour chacun

Herbert Léonard

Pauline Esther

Patrick Timsit

Qu'elles soient assistantes maternelles, aides soignantes, infirmières, sages-femmes, psychomotriciennes ou visiteuses de prison, elles ont consacré leur vie à celle des autres

*Mortadella*, spectacle d'Alfredo Arias, aura été le grand succès théâtral de la saison

Yannick Noah chanteur

Vanessa Paradis, plus disponible que jamais, offre au public de Baltard uniquement une nouvelle chanson

Laurent Voulzy clora la saison quelques semaines plus tard avec une spéciale consacrée à Belle-Ile-en-Mer et Marie-Galante

# LA PISCINE

Un bassin de douze mètres sur seize, contenant 230 000 litres d'eau ; durée de remplissage : cinq heures. Pour le chauffer, un groupe électrogène spécial tournant à plein régime pendant quarante-huit heures... Les riverains du pavillon Baltard s'en souviennent encore. Pour implanter cette piscine, il fallut d'abord démonter une partie du précédent décor, ce que firent quinze spécialistes pendant six heures, sous la direction d'Olivier Matabon. Un temps record. Cette performance nécessita l'assistance des pompiers de Nogent qui nous permirent de nous raccorder à leur réseau. Le lendemain de l'émission, le contenu fut remis en circulation dans les mêmes canalisations. Muriel Hermine, championne de natation synchronisée, rêvait depuis toujours de devenir la nouvelle Esther Williams des années quatre-vingt-dix. Son spectacle, *Sirella*, qu'elle présenta avec succès en province pendant plusieurs mois, trouvait ce soir-là son couronnement. Ce fut sans aucun doute un des sommets de *Stars 90*, en raison des difficultés techniques qu'il représentait.

1

**Les différentes phases d'un exploit technique jamais réalisé à la télévision : la construction d'une véritable piscine de 230 000 litres, théâtre d'un *Stars 90* consacré à Muriel Hermine et à la natation synchronisée**

2

3

4

5

6

11

12

7

8

9

10

13

# PENDANT LA RÉPÉTITION

# PENDANT L'ENREGISTREMENT

Nathalie Simon, reine de la glisse

L'exotisme à Nogent-sur-Marne

Les champions du muscle au service de Lova Moor

Patricia Kaas, une silhouette de star

Un poisson nommé Lova

Muriel Hermine dans ses œuvres

Muriel Hermine, trapéziste d'un soir

Didier Gustin et Roger Zabel, le bain de minuit...

Patricia Kaas, une voix exceptionnelle

# LES PETITS MÉTIERS EN VOIE DE DISPARITION

En préparant cette émission originale, nous nous sommes très vite rendu compte que certains des petits métiers que nous croyions en voie de disparition étaient en train de renaître... Un charron, des bergers, un gardien de phare, une femme garde champêtre, un chanteur des rues, une jeune souffleuse de verre, une corsetière et un sabotier ! Tous acceptèrent de nous faire partager leurs passions et cette émission fut l'occasion d'apprendre mille choses : que le métier de berger suscite de moins en moins de vocations en raison de la baisse du revenu agricole (dont 50 % provient de primes) ; que le métier de gardien de phare aura disparu dans quelques années en raison de l'automatisation ; qu'il reste encore vingt cinq mille gardes champêtres en France ; qu'il n'y a plus que trois souffleuses de verre et seulement quinze sabotiers (mais six jeunes apprentis s'apprêtent à assurer la relève...).

Un orgue de Barbarie venu de province

Des corsets exceptionnels apportés par une des dernières corsetières françaises

Des moutons du Vercors égarés dans le Val-de-Marne !

Le matériel traditionnel du sabotier

Une leçon
de «sabotage» !

Le sabotier
au travail

Le groupe
Pow Wow,
des artisans
à leur manière.
Leur instrument :
la voix

Pierre Palmade se demande
ce qu'il arriverait si on arrêtait
de tondre les moutons

Michèle Torr et Pierre Palmade improvisent
une bourrée auvergnate après avoir essayé
leurs sabots, sur mesure et en direct

De haut en bas :
Une garde champêtre ; Pierre Bachelet, Catherine Lara et Daniel Lévy, l'imitateur Bertrand Rousseau ; Catherine Lara, Pierre Bachelet et un des derniers gardiens de phare

La garde champêtre de choc entre sous la musique de la fanfare de son village

Catherine Lara et notre corsetière : «Aujourd'hui le dessous est plus important que le dessus. George Sand aurait aimé»

Un chanteur des rues et une femme facteur d'orgues

L'orgue de Barbarie, démonstration

Un des passages toujours remarqués du groupe québécois BB

Cindy Lauper

Pierre Palmade ardent supporter
de Bertrand Rousseau,
l'imitateur qui monte

Une des trois dernières souffleuses de verre

Toujours surprenante, Cindy Lauper quitte la scène et termine sa chanson dans le public

Répétition mouvementée pour les moutons de notre berger du Vercors. Notre réalisateur, Pascal Duchêne, fera preuve de beaucoup de patience

Cindy Lauper, conquise par *Stars 90*, nous promet de revenir bientôt

Ces bergers du Vercors ne possèdent pas la télévision pour que leurs enfants fassent mieux leurs devoirs

Le Vercors à Paris... Séquence écologique

A droite :
Cindy Lauper, bouleversante,
chante *Starmania*

# EURO DISNEY À NOGENT

Après avoir transformé notre studio en patinoire pour permettre aux Duchesnay de nous offrir une prestation inoubliable, après avoir fait nager Muriel Hermine dans une vraie piscine de vingt mètres de long, l'idée de transposer une partie du parc Euro Disney à Nogent-sur-Marne pouvait paraître folle parce qu'irréalisable.

C'était compter sans l'imagination du réalisateur Gilles Amado, grand spécialiste du parc pour y avoir réalisé la soirée inaugurale et plusieurs émissions *Sacrée Soirée* pour Gérard Louvin et Jean-Pierre Foucault. Familier de l'univers de Disney et passionné d'électronique, Gilles utilise ce soir-là les fascinantes possibilités de la vidéo de l'an 2000. C'est ainsi qu'une partie des attractions d'Euro Disney sont présentées devant les spectateurs de *Stars 90*. Trois cents membres du personnel du parc étaient présents, dont une centaine de «caractères», ces personnages de la mythologie Disney, avec en arrière-plan, comme annexé à la structure du Pavillon, la présence du site de Marne-la-Vallée. Cette émission, qui remporta beaucoup de succès, intrigua les téléspectateurs et même les membres du personnel du parc. Nombre d'entre eux pensèrent même que nous étions ce lundi soir à Marne-la-Vallée, alors que nous n'avions pas quitté Nogent ! La vedette de l'émission, Lagaf', apporta beaucoup à ce show exceptionnel. Visitant Euro Disney pour la première fois, avec sa femme Véronique et son fils Robin, il s'impliqua totalement dans ce rôle de guide, découvrant avec un regard d'enfant ce site magique. Passionné d'acrobatie et volontiers casse-cou, Lagaf' accepta même en guise de générique d'arriver à Baltard suspendu à un hélicoptère que j'eus le bonheur de piloter. Une demi-douzaine de chevaux galopèrent sur la scène dont on avait sérieusement renforcé le plancher. Détail amusant : on recouvrit leurs sabots de petits chaussons en plastique afin d'éviter de rayer le plancher. Cette émission, qui me laisse un souvenir profond, fut projetée à Los Angeles devant tout l'état-major de Walt Disney et nous valut un grand nombre de télégrammes de félicitations dont nous sommes fiers. Ce *Stars 90* spécial Euro Disney fut considéré par la firme américaine comme l'émission ayant le mieux contribué à faire connaître le parc en Europe.

Annie de l'Ouest, cow-girl du Wild West Show d'Euro Disney

Cindy Lauper obtient ce soir-là un tel succès que nous l'avons réinvitée quelques semaines plus tard

Mickey et le Marsupilami répètent leur entrée

Un duo exceptionnel : France Gall et Cindy Lauper chantent Starmania. Elles ne s'étaient jamais rencontrées auparavant

Philippe Bourguignon, PDG d'Euro Disney, entouré de cast members

Lagaf' essaie de se faire comprendre d'un des chevaux du rodéo

Michel Fugain, C. Jérôme et les personnages de Walt Disney

Le grand rodéo d'Euro-Disney : sept chevaux sur le plateau renforcé spécialement pour l'occasion

Trois choristes de charme pour Euro Disney

L'Affaire Luis Trio dans une chanson en hommage à Jules Verne, présent lui aussi à Marne-la-Vallée

Lagaf' hélitreuillé sur Baltard

Anne ambassadrice d'Euro Disney

Buffalo Bill interprété par son sosie, le comédien américain Peter MacLean

Le Prince Charmant et la Belle de la Belle et la Bête

André-Philippe Gagnon, l'imitateur québécois aux trois cents voix

# LES MÉTIERS DU CINÉMA

Nous souhaitions depuis longtemps mettre en valeur ces métiers de l'ombre sans lesquels les émissions de télé et les films ne se feraient pas. Patrick Sébastien nous raconta les coulisses de son émission et rendit hommage à ses habilleuses et à ses maquilleurs qui sont à leur manière les stars de *Sébastien, c'est fou*. Michel Roux, tête d'affiche au théâtre, est aussi le roi du doublage. Démonstration à l'appui, il me donne une leçon avec comme support un extrait d'*Amicalement Vôtre*. Il est – rappelons-le – la voix française de Tony Curtis dans cette série mythique. Je fus pour la circonstance la voix de Roger Moore ! La création de costumes, c'est l'affaire de Franca Squarciapino, césar et oscar du meilleur costume pour *Cyrano*. Elle est accompagnée de son mari, Enzo Frigerio, le créateur des sublimes décors de ce même film. Michel Fresnay, notre complice de toujours, figure, en tant que créateur de costumes, au générique de tous les grands shows de Maritie et Gilbert Carpentier, mais aussi des grandes fresques historiques qui ont marqué l'histoire de la télé. Jean-Pierre Lelong est bruiteur. Le plus célèbre du monde, il collectionne les oscars. Il restitue ce soir-là les sons de quelques grands films, de *Buffet froid* à *Agakuk*. Il réinvente en studio les atmosphères sonores n'ayant pu être enregistrées pendant le tournage, et ce à l'aide des instruments les plus saugrenus : le bruit de l'enveloppe en cellophane du paquet de cigarettes devient la friture des œufs au plat ! Un sac de Maïzena trituré, et nous sommes sur les pas d'un homme marchant dans la neige ! Un morceau d'étoffe qui claque régulièrement devient les battements du cœur ! Serge Reggiani et Sylvia Kristel, pour la première fois sur notre plateau, connaissent parfaitement ces stars de la coulisse et en parleront avec émotion.

Le bruiteur Jean-Pierre Lelong, des costumes de téléfilms mythiques, les Andrew Sisters, Henri Chapier, Jacques Rouland et moi-même : le génie des maquilleurs et coiffeurs de Patrick Sébastien

Sylvia Kristel

Sergeï Nakarjakov

Serge Reggiani

Sergeï Nakarjakov, trompettiste prodige de quinze ans

Patrick Sébastien et son équipe

Michel Roux

Jeanne Mas dessine elle-même ses costumes de scène

Les costumes de *Cyrano* ont valu à leur créatrice
un oscar et un césar

Michel Fresnay, Franca Squarciapino et Enzo Frigerio :
ils collectionnent les plus hautes récompenses internationales

# LES FEMMES PHOTOGRAPHES DE STARS

Au cours de ma carrière d'homme de télévision, j'ai eu le privilège de rencontrer tout ce que le cinéma et le music-hall comptent de célébrités. A chacune de ces rencontres, j'ai été frappé par la fragilité et l'inquiétude de ces stars qui avaient toutes la même ambition : ne pas décevoir. L'actrice la plus belle, l'acteur le plus séduisant ou le top model le plus irrésistible veulent toujours, c'est évident, être au sommet. Pour entretenir et faire fructifier leur capital charme, l'image offerte au public ne supporte pas la moindre imperfection, qu'elle s'anime ou se fige. Pour parvenir au meilleur résultat, les stars qui font rêver confient leur visage et leur silhouette, à d'autres stars.

Un bon directeur de la photo ou un excellent photographe deviennent dès lors aussi importants qu'un habile scénariste, un dialoguiste de talent ou un brillant metteur en scène.

Depuis longtemps, je souhaitais faire connaître au grand public le travail fascinant des photographes qui passent leur vie à immortaliser les visages de celles et de ceux qui nous font rêver. Ces photographes forment un club très fermé. Beaucoup sont des femmes. Elles s'appellent Dominique Issermann, Bettina Rheims, Marie-Laure de Decker, pour n'en citer que quelques-unes. Elles sont venues sur le plateau de Stars 90 et nous ont expliqué avec beaucoup de charme les rapports particuliers qu'elles entretiennent avec Isabelle Adjani, Catherine Deneuve, Michael Douglas, Patrick Bruel ou encore Cindy Crawford et Claudia Schiffer. Certaines, dans un tout autre registre, nous ont apporté un regard différent : ce sont elles qui traquent la misère du monde, à Soweto, en Bosnie ou au Cambodge.

Rencontres passionnantes.

Marie-Laure de Decker

Bettina Rheims

Dominique Issermann

Un ballet sur le thème de la mode

De gauche à droite :
Jean-Marie Périer, «le» photographe des années yéyé ; les rôles renversés : Michel photographie les photographes ; Jean-Marie Périer ; Carole Morgan et Johnny ; Dave ; Christian Morin ; Johnny ; Harry Connick Junior ; Demis Roussos et François Feldman

# L'OM

Un *Stars 90* pas comme les autres. Je reçois ce soir-là l'équipe de l'OM, championne d'Europe quelques semaines plus tôt, vainqueur du célèbre Milan-de-Silvio-Berlusconi. Émission émouvante parce qu'elle est pour moi l'occasion de me retourner sur mon passé de reporter sportif. Revoir Alain Giresse, Michel Hidalgo, Jean Tigana, Raymond Ghoethals, héros de mes dernières coupes du monde, me comble de joie. Les joueurs marseillais, dont je fais pour la première fois connaissance, sont à l'image de Basile Boli, toniques, heureux, fiers de leur coupe d'Europe, qu'on attendait depuis quarante ans, fiers aussi de nous présenter leurs ravissantes épouses. Cette émission est aussi l'occasion pour Bernard Tapie de retrouver Sacha Distel. Le patron de l'OM, jeune chanteur dans les années soixante, interprétait tout le répertoire de Distel dans les bals du samedi soir. Claude Lelouch, lui, rêvait d'engager Tapie dans son film l'*Aventure c'est l'aventure*, aux côtés de Lino Ventura et de Jacques Brel... Ce fut finalement Aldo Maccione qui hérita du rôle. Guy Bedos et Jean-Louis Dabadie furent ce soir-là brillants comme toujours. Le premier dans un sketch de circonstance, *Carton rose*, le second offrant à l'acteur Bernard Tapie une nouvelle version du fameux *Je sais, je sais*, créé par Jean Gabin. Adamo, Roger Zabel, Jean-Luc Lahaye, Francis Huster, Enrico Macias... Tous fous de foot... Et quelques jolies filles complétaient ce *Stars* de fête qui obtint un des meilleurs scores d'audience. Merci l'OM.

**Michel et Bernard Tapie sous les couleurs de l'OM**

**Pour ce ballet sexy sur le thème du foot, les danseuses de *Stars 90* ont revêtu le maillot de l'OM**

L'équipe de l'OM au grand complet

Sacha Distel reprend l'idée de son oncle Ray Ventura et de ses Collégiens, avec la collaboration de chanteurs de passage

Après l'émission, le pot de l'amitié pour Roger Zabel
et les deux Bordelais Alain Giresse et Christian Morin

L'équipe de l'OM victorieuse
de la coupe d'Europe

Basile Boli à Bari :
ses larmes ont bouleversé la France

Jean Roucas, Jean-Luc Lahaye et la fameuse coupe

L'OM autour d'Enrico Macias

Les anciens : Jean Tigana, Michel Hidalgo et Alain Giresse

Deux fans de l'OM : Claude Lelouch et Francis Huster. Francis a même embrassé la coupe

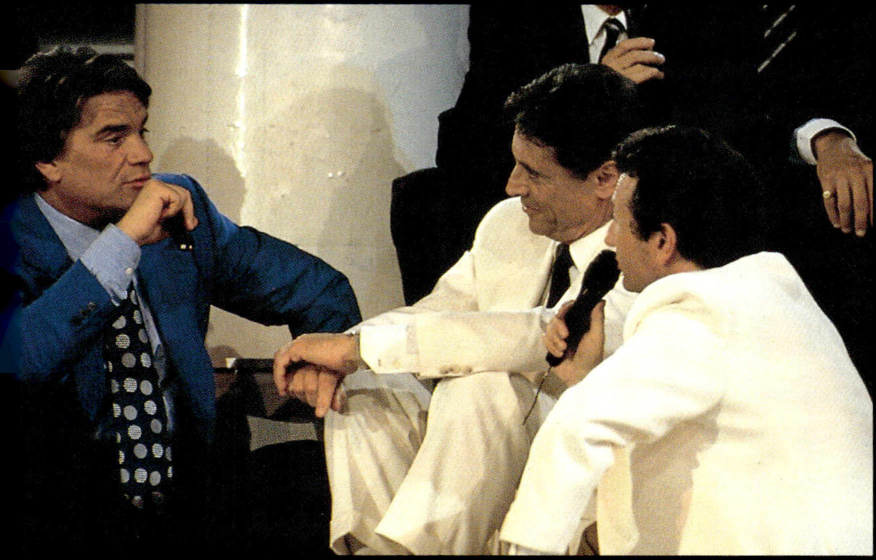

Enrico improvise un hymne à l'OM

Guy Bedos et Jean-Loup Dabadie

Final avec les épouses et les supporters

# LE JUMELAGE DE BELLE-ÎLE-EN-MER AVEC MARIE-GALANTE

Ce dernier *Stars 90* de la saison désirait inciter aux rêves et aux vacances. L'émission se devait d'être grandiose et colorée. Elle le fut et le public présent ce soir-là à Baltard en gardera certainement un souvenir exceptionnel.

Elle nécessita des tournages en extérieur que nous vous présentons dans ces pages. L'équipe de *Stars 90* apprécie bien sûr ces escapades loin du stress des studios et du ciel gris de Paris. Elle vécut cette fois-là un véritable rêve antillais, au rythme du zouk et du punch coco !

Les répétions et les tournages de cette émission constituèrent un véritable spectacle pour les autochtones.
Ambiance de fête dans un décor de rêve auquel il est inutile d'ajouter des accessoires.

# DES ANTILLES À BALTARD

## en passant par la Bretagne

Le dernier *Stars 90* de la saison 1992-1993 aurait pu avoir pour sous titre « *Belle-Ile-en-mer Marie-Galante*, une chanson de Laurent Voulzy et Alain Souchon »... Un trait d'union musical entre deux îles désormais célèbres. Laurent Voulzy était l'invité idéal : Antillais d'origine, né à Nogent-sur-Marne, ayant grandi en Bretagne, il se devait donc d'être le parrain de cette fête inoubliable. Les meilleurs groupes antillais, accompagnés de Maxime Le Forestier, Philippe Lavil, Alan Stivel, Alain Souchon, firent danser Baltard pendant trois heures en présence des représentants des deux îles, dont le jumelage télévisé réalisait le rêve de Laurent Voulzy.

Un grand nombre de séquences tournées sur place à Belle-Ile-en-Mer et à Marie-Galante jalonnaient ce rendez-vous de l'amitié, soulignant le mariage de deux cultures à l'aide d'une chanson magnifique que le public tout entier entonna en guise de générique. Le groupe Kassav, Jocelyne Béroard, Malavoy, Zouk Machine, Akoustik Zouc, Tania Saint-Val soulignèrent l'importance de la musique des îles. Occasion pour Laurent Voulzy de revenir aux sources.

Voulzy, Souchon, une amitié indestructible, née il y a vingt ans. La rencontre d'un grand auteur et d'un compositeur exceptionnel. Tous deux représentent à la fois la Bretagne et les Antilles à travers leur chanson *Belle-Ile-en-Mer, Marie-Galante* à l'origine d'un jumelage émouvant auquel participait également Alan Stivel, ambassadeur de la Bretagne éternelle et de la harpe celtique dans le monde

*Belle-Ile-en-Mer*, *Marie-Galante* sur les bords de la Marne, avec la participation de Maxime Le Forestier, Jocelyne Béroard et le groupe Kassav, Philippe Lavil, Tania Saint-Val, Zouk Machine, Malavoy, les Filles, en présence du maire de Nogent-sur-Marne, Roland Nungesser, et de sa collaboratrice Michèle Lemasson

# CHAMPS-ÉLYSÉES

La belle aventure de *Stars 90* à Baltard aura duré trois saisons qui resteront pour toute l'équipe un souvenir professionnel inoubliable. Depuis la rentrée de septembre 1993, nous avons retrouvé notre studio fétiche du pavillon Gabriel Potel et Chabot, un studio que tous les français connaissent. Pendant huit ans, il a été celui de *Champs-Élysées*. Entièrement rénové, il est devenu le plus performant de sa catégorie. Au moment où *Stars 90* entame sa quatrième saison, nous avons tenu à nous rappeler quelques bons souvenirs attachés à cet endroit magique situé tout près de la plus belle avenue du monde.

**QUELQUES PHOTOS SOUVENIRS :**

Coluche jamais à court d'imagination

Arnold Schwarzenegger, son premier passage à la télévision française

Charles Trenet, la jeune chanson française était venue lui rendre hommage

Patrick Bruel acteur de théâtre, aux côtés de Maria Pacôme et Odette Laure

Sophia Loren venue présenter son livre de mémoires

Daniel Balavoine, sa dernière apparition

Mon maître Léon Zitrone. Il vient de prendre sa retraite après cinquante ans d'une carrière exceptionnelle

Yves Montant et France Gall, le dernier show Montant

Patrick Bruel, chanteur, peu de temps avant la « bruelmania »

Charles Aznavour, l'institution

Carl Lewis : mais oui, il est aussi chanteur !

Le chien Benji, star de Disney

Samy Davis Jr, il me donna mon premier cours de claquettes !

Dalida irremplaçable

Joan Baez, la France est son deuxième pays

Gainsbourg sans Witney Houston

Léo Ferré, sa dernière visite

# TRENTE ANS DE TÉLÉVISION

Son histoire se confond avec celle de la télévision. Michel Drucker est célèbre depuis aussi longtemps qu'elle. Et grâce à elle. À quelques années près... En 1965, dans une France équipée d'une seule chaîne en noir et blanc dont le général de Gaulle apprend à se servir, il est déjà là, repéré par les téléspectateurs dès sa toute première apparition. Pourtant, ce n'était pas gagné d'avance...

Né le 12 septembre 1942 à Vire, en Basse Normandie, le petit Drucker n'était pas le « gentil Michel » que l'on connaît aujourd'hui, avec sa générosité non feinte et son sourire naturel. Loin de là. Le petit Drucker a d'abord eu tout faux à l'école, préférant les jeux de la rue. Vire, où il s'ennuie, lui sert d'excuse : comment ne pas y faire l'andouille ? Et il frôle, en effet, la délinquance. Il fugue, fait les quatre cents coups dehors. « Certains soirs, avec les copains, raconte-t-il, on tournait les aiguilles de la grande horloge de la ville, en grimpant dans le donjon. On les avançait d'une heure, pour que le temps passe plus vite... ». Son temps, il le perd, surtout, et sa scolarité consternante inquiète ses parents. D'autant plus que ses deux frères réussissent, eux. Jean, l'aîné, ira jusqu'à l'ENA et dirigera Antenne 2 avant de rejoindre M6. Jacques, le cadet, deviendra professeur agrégé de santé publique, participant auprès du professeur Maupas à la découverte du vaccin contre l'hépatite B. Michel n'a pas son bac.

Alors, entre la « fin » de ses études et le départ au service militaire, il multiplie les petits boulots : moniteur de colonie de vacances, photographe de plage, « femme de ménage » à Orly (il nettoie les avions). Il se cherche toujours, entre les rêves auxquels il a renoncé – être médecin comme son père – et ceux qui pourraient tomber du ciel. L'armée le rappelle à l'ordre, au bon ordre des choses. Il le prend mal et se retrouve souvent en prison, pendant son service. La vie qui rentre...

Libéré de ses obligations militaires, il se met en quête d'un job qui lui corresponde un tant soit peu. Il repense à cette dame que ses parents avaient rencontrée lors de vacances à l'Alpe d'Huez et qui connaissait quelqu'un à la télévision. Madame Gilberte Bach, c'est ça. Elle parle de lui à un certain Raymond Marcillac, alors directeur de l'information à Cognacq-Jay. En 1964 – « Je suis né une seconde fois, à l'âge de vingt-deux ans, à Cognacq-Jay » –, Michel Drucker se trouve enfin. Cette ambiance de dépêches, de coups de téléphone, d'allées et venues, ces bureaux en alerte permanente, cela lui plaît. Dans ce brouhaha quotidien, et malgré sa pudeur habituelle, il n'a pas manqué de manifester sa passion pour le football. Du coup, il est confirmé comme journaliste stagiaire au service des sports. Trois mois plus tard, il a droit à sa carte de presse. Numéro 22 177. C'est parti !

Et vite. Dès février 1965, la célébrité s'empare de lui, sans attendre, suite à une maladresse de débutant. Le jeune Drucker doit remplacer en direct et au pied levé un journaliste absent, dans la sacro-sainte émission *Sports-dimanche*. C'est son premier passage à l'antenne. Il doit lire des résultats. « Et maintenant, annonce Roger Couderc, nous vous présentons le dernier petit jeune du service des sports, il s'appelle Michel

Drucker, il faut l'encourager ». Volley-ball, jeu à XIII... Les scores s'enchaînent. Drucker ne perd pas de vue la caméra. Un seul problème : au lieu de conserver ses feuilles à plat, et de les faire glisser sur la table au fur et à mesure, il les garde en main et sa main tremble. « Elle tremble tellement, se souvient-il en riant, que ça devient une crise de Parkinson ! » Le lendemain, dans l'autobus 80 qu'il prend chaque matin, tout le monde le reconnaît : « Alors, ça va mieux depuis hier ? » Il est lancé.

Dans la foulée de *Sports-dimanche*, Michel Drucker intervient également dans *Télé-dimanche*, grande émission de l'après-midi, présentée par Raymond Marcillac, où les retransmissions sportives cohabitent avec les variétés. Ce mélange de genres plaît à Michel qui, entre deux résultats donnés en direct, assiste ainsi aux premiers pas de Mireille Mathieu. Émotion. Souvenir : vingt-huit ans plus tard, à l'occasion du trentième anniversaire de la mort de Piaf, il recevra Mireille, sur la scène d'un *Stars 90* spécial où elle chantera *Non, je ne regrette rien*. Lui non plus.

Cette télévision moderne, où présentateurs sportifs et animateurs de shows font partie de la même famille, cette télévision l'attire. Avec *Tilt Magazine*, émission mensuelle qu'on lui propose de présenter en 1966 – elle durera jusqu'en... 1968 –, il pointe son nez dans le monde des variétés et s'y sent bien « reçu » par les artistes qu'il accueille. Une nouvelle porte est franchie. Désormais, Michel mènera de front ces deux activités : l'actualité sportive et l'actualité artistique. Bouchées doubles qu'il mettra pendant

vingt ans. Son côté journaliste est comblé. Devenu commentateur officiel de football en 1969, il couvre les plus grandes coupes du monde. En 1970, au Mexique, après la finale Brésil-Italie, Pelé lui offre ses chaussures. Pince-moi, je rêve. Les stars de son adolescence deviennent ses copains, il les côtoie, les tutoie.

Même chose côté show-biz. À partir de 1972, avec *Sports en fête*, puis – et surtout – avec *Les Rendez-vous du dimanche*, de 1974 à 1980, premier talk-show hebdomadaire de la télévision française, étape fondamentale dans son itinéraire, il dialogue avec les monstres sacrés de la chanson et du cinéma. Les superstars viennent à lui et se livrent. De Sylvester Stallone à Simone de Beauvoir, en passant par Robert De Niro qui lui confie qu'au début des années soixante, il a fait l'artiste place du Tertre... Le monde est petit.

Sur ce plateau des *Rendez-vous*, Michel affirme et affiche une aisance de plus en plus prometteuse. Entre-temps, en 1972, il a rencontré sa femme, Dany Saval, grâce à Claude François, dans les coulisses de... *Avec le cœur*, première coproduction signée Drucker. Le mariage est fixé un an plus tard, à Las Vegas. Dans la même période, en 1974, il découvre la radio et anime *RTL* c'est vous chaque après-midi.

Aujourd'hui, Dany est toujours à ses côtés, manageant et ménageant sa vie. La radio, en revanche, il l'a laissé tomber après treize ans de bons et loyaux services. De *La Grande Parade* sur RTL, entre 1977 et 1982, à *Studio 1* sur Europe 1, entre 1983 et 1986, Drucker a bien donné. C'était même devenu trop. Il n'en pouvait plus, Michel. Décidant d'en faire moins pour faire mieux encore, lui le perfectionniste, condamné à l'anxiété perpétuelle – « Mon moteur », répète-t-il –, lui le professionnel réaliste qui prépare sa reconversion depuis quinze ans, a pris un virage capital dans les années quatre-vingt. À tout point de vue.

1980. Sur TF1, un samedi par mois, Michel Drucker présente un grand show qui en dit long sur « la » télévision qu'il veut faire désormais. Une télévision de dimension internationale. L'Europe se profile, les Américains ne nous prennent pas assez au sérieux, Michel a vu au moins une cinquantaine de fois le film Network, plan par plan ; il se sent d'attaque. C'est à ce moment-là que Pierre Desgraupes, nommé à la

tête d'Antenne 2 par la gauche victorieuse de 1981, lui fait signe. Pour un *Champs-Élysées* style *Stars*, mais chaque samedi. Banco !
*Champs-Élysées* est un titre prestigieux pour une émission qui remplit deux fonctions : donner aux Français l'impression de « sortir » le samedi soir – émission nœud papillon – et permettre à la télévision française, représentée par le nom de cette avenue, de se vendre dans le monde entier. Mission accomplie. Le prestige est au rendez-vous du programme : Pavarotti et Rostropovitch se partagent le générique avec Liza Minnelli et Barbara Streisand. Guy Bedos et Michel Serrault, Thierry Le Luron et Coluche placent la barre de l'impertinence de plus en plus haut. Et quand la chanteuse Whitney Houston se fait bousculer par Serge Gainsbourg en direct – prestige ? –, les Américains n'en reviennent pas, découvrant qu'il se passe toujours quelque chose sur nos petits écrans. Oui, mission accomplie. Avec *Champs-Élysées*, Michel Drucker prend les devants d'une télévision qui va exploser, trop à l'étroit dans son habit hexagonal et monopolistique. Cinq ans plus tard, en 1987, les événements lui donnent raison : il va être l'objet de diverses sollicitations de la part des plus grands patrons de la télévision privée, au sein d'un paysage audiovisuel français – le PAF – en pleine tourmente. Création de la Cinq, privatisation de TF1, Drucker est demandé partout : par Silvio Berlusconi et Robert Hersant, côté Cinq, par Francis Bouygues, côté TF1. Il résiste, fidèle au service public et à sa conception d'une certaine qualité française, donc à Antenne 2. Jusqu'au jour où il s'aperçoit que c'est sa propre chaîne qui le trahit, en se conduisant comme une « privée » qui n'en aurait pas les moyens. Alors, peu enclin à jouer les héros, il fait ses valises et accepte enfin – en 1990 – les offres de TF1. Sans vendre son âme pour autant : aujourd'hui encore, *Stars 90*, petite sœur de *Champs-Élysées*, ne contient ni jeu ni autres figures télévisuelles du même genre. L'honneur sauf, Michel Drucker continue de défendre, un lundi sur deux, sa conception de la télé. Et le public vient, faisant souvent salle comble, selon la calculette Audimat.
En 1995, Michel Drucker fêtera le trentième anniversaire de son premier direct. Il est, de ce point de vue, notre Johnny Hallyday de la télé. Lui aussi symbolise, par son seul parcours, un demi-siècle, ou presque de révolution culturelle en France. La télé, c'est comme le rock, ça a tout changé.

Maurice Achard

Auteur de *Michel Drucker hors antenne*
*(entretiens, Paris,*
*Éditions Calmann-Lévy, 1987).*

Photo Lucien Jacquinot

## PATRICK RONCEN

Né à Vincennes en 1955, Patrick Roncen, passe sa licence d'Arts Plastiques. Photographe indépendant pendant plusieures années, ses photos sont diffusées aujourd'hui par l'agence KIPA.
Patrick a suivi les émissions de *Champs-Élysées* et *Stars 90* depuis 1984.

CET OUVRAGE A ÉTÉ ACHEVÉ D' IMPRIMER LE 22 NOVEMBRE 1993
PAR L'IMPRIMERIE MAME À TOURS

MAQUETTE :
D. FOURQUET

PHOTOCOMPOSITION :
VIRGILE

PHOTOGRAVURE :
BEAUCLAIR & BLACK JACK

Numéro ISBN : 2.909413-12-8

Pour être tenu informé de nos éditions,
adresser simplement une carte de visite à :
Editions d'Art, J.P Barthélémy
8, rue de la Liberté.
BP 125 25014 Besançon Cédex.